**스페인은
가우디다**

스페인의 뜨거운 영혼,
가우디와 함께 떠나는 건축 여행

GAUDI

김희곤 지음

스페인은
가우디다

Ant. Gaudí

프롤로그

평생 한 번은 만나야 할
건축의 신, 가우디

21세기에도 여전히 가우디의 이름이 기억되는 이유는 정해진 틀 안에서 사유하기보다 좋아하고 하고 싶어 하는 일에 상상력을 발휘했던 가우디의 현대성이 빛을 발하기 때문이다. 가우디는 집단에서 개인으로 발전하기보다 개인에서 집단으로 발전한 혁명적인 건축가였다.

가우디는 건축물을 바르셀로나에 9개, 그외 지역에 3개 남겼다. 고작 12개를 세웠을 뿐이지만 그의 영혼이 담긴 작품들은 가우디의 정신을 바르셀로나의 지층에 완벽하게 각인시켰다. 요술 궁전 같은 그의 건축물은 완벽한 기하학의 상징 체계 속에서 창조, 창의, 상상력으로 무장되어 있다. 그리고 경건함과 영성과 기발함으로 가득 차 있다.

가우디 이전의 대부분의 건축가들은 건축을 시대 정신에 부합하는 양식의 틀로 재단했다. 하지만 가우디는 홀로 보이는 대로, 보고 싶은 대로 자연과 유적과 전통을 사유하면서 자신만의 상상력으로 건물을 지었다.

　가우디는 작은 도시의 가난한 집안에서 태어났다. 더욱이 폐병과 류머티즘 관절염은 평생 그를 괴롭혔다. 하지만 가우디는 끈질긴 생명력으로 죽음의 그림자를 걷어내고 창조적인 삶을 살았다. 그가 학창 시절 유일하게 두각을 보인 기하학은 어린 시절 그의 육체를 지배했던 불우한 환경과 지병을 극복하는 과정에 자연스럽게 터득했던 것이다. 나귀의 등에 의지해 학교에 가는 것조차 힘들었던 어린 시절 가우디의 유일한 친구는 아버지의 대장간과 주변에 펼쳐진 숲과 유적이었다. 그는 교육이 제공하는 틀 속에 갇히기보다 자신이 보고 싶은 대로 주변 자연과 유적을 관찰하면서 그 속에 내제한 질서를 통찰했다.

　22살, 당시로는 늦은 나이에 바르셀로나 건축대학에 등록한 가우디는 교수의 스타일을 일방적으로 따르기보다 고집스럽게 자신만의 디자인 방법을 고수했다. 건축 강의만으로 부족한 미학과 철학은 다른 단과대학의 강의로 보충하며 지식의 지평을 넓혀갔다. 그 와중에 생활비를 벌기 위해 바르셀로나의 이름 있는 공방을 들락거리며 일에 몰입했다. "이겨내기 위해 미친 듯이 일해야 한다"는 그의 말은 그 당시 그의 삶을 대변하고 있다. 졸업 설계 프로젝트의 규정을 지키지 않았다는 이유로 가우디는 1차 졸업생 명단에 빠졌다. 그의 재능을 알고 있는 교수들의 도움으로 구사일생으로 참석한 졸업식에서 학장이 가우디를 가리키며 말했다. "제군들, 오늘 우리는 천재 아니면 바보를 앞에 두고 있습니다."

　무수한 시련과 비웃음을 이겨내고 가우디는 학교를 졸업한 지 5년째 되던 해인 1883년 11월, 성가족 대성당 총감독으로 임명되었다. 가우디의 나이는 당시 31살이었다. 이듬해 3월 가우디는 전임 감독의 설계도면을 부정하고 자기만의 방식으로 성가족 대성당을 새롭게 디자인했다. 이때 가우디의 손을 들어준 사람은 졸업식장에서 가우디를 두고 천재 아니면 바보라며 비웃었던 로젠 학장이었다.

　1909년 7월 산업화로 일자리를 잃은 바르셀로나 노동자들이 정부와 교회 권력에 항거하며 교회와 수도원을 불태웠다. 이 사건을 계기로 가우디는 더 이상 부자들의 개인 건물을 짓지 않고 오로지 성가족 대성당 공사에 매진했다. 1925년 가우디는 성가족 대성당 공사에 몰입하기 위해 성당 지하 작업실로 거처를 옮겼지만 1년 후인 1926년 6월 7일 오후 5시경 달려오던 전차를 피하지 못하고 목숨을 잃고 말았다.

　그의 시적인 죽음은 바르셀로나 시민들의 애도 속에 생전 마지막으로 살았던 성가족 대성당의 지하납골당에 영원히 안식됐다. 세기를 넘어서도 여전히 우리에게 경외감을 선물하고 있는 가우디의 작품들에는 아직 그의 영혼이 숨 쉬고 있다.

contents
차례

005 프롤로그 / 평생 한 번은 만나야 할 건축의 신, 가우디

1
자기 안의 조각을 발견하다
가우디의 탄생

Parque Güell

015 바쉬 캄의 헤라클레스 / 가우디의 탄생
020 타라고나와 몬세라트 / 아름다움은 아무 말 없이 군림한다
028 아버지의 대장간 / 자기 안의 조각을 발견하다
032 숲과 유적을 거닐다 / 에스코르날보우 수도원
039 포블레트 시토 수도원 / 당돌한 모험가들

2

바르셀로나의 고독한 천재
청년 가우디

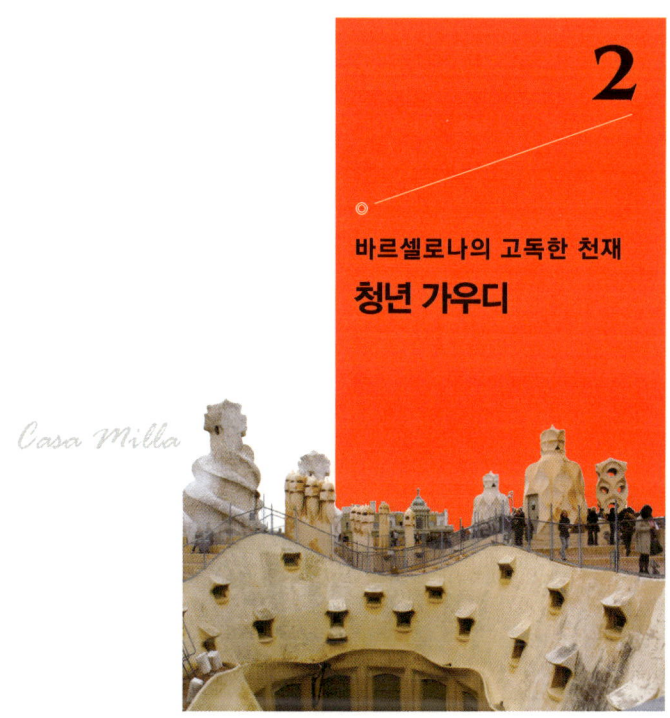

Casa Milla

049	고딕 지구와 리베라 지역 / 바르셀로나의 가우디
060	바르셀로나의 고독한 천재, 가우디 / 이겨내기 위해서는 미친 듯이 일해야 한다
068	실전에서 경험을 쌓다 / 천재 아니면 바보 같은 졸업생
075	람블라스 거리의 가로등 / 바르셀로나의 낭만
085	가우디의 사랑과 미완의 건축 / 마타로 노동자단지
091	투박한 스케치에서 시작한 성가족 대성당 / 31살, 애송이 건축가의 도전

3

카사 비센스부터 구엘 공원까지
가우디, 명성을 떨치다

Casa Batlló

107	첫사랑, 카사 비센스 Casa Vicens	직선은 인간의 선이며, 곡선은 신의 선이다
116	코미야스의 엘 카프리쵸 EL Capricho	건축가로서 이름을 알리다
122	/ 당신은 틀렸다, 신들은 보고 있다	
136	아스토르가 주교관	제 말은 언제나 옳았습니다
145	성 테레사 학원 Colegio Teresiano	삶은 언제나 새로운 도전
150	/ 젊은 예술가 그리고 가우디	
157	카사 칼베트 Casa Calvet	신화의 공간을 창조하다
164	벨예스구아르드 저택 Bellesguard	오페라의 유령
172	구엘 공원 Parque Guell	가우디의 마지막 도전
187	마요르카 대성당 복원 Restauracion Catedral de Mallorca	시대를 앞서가는 복원
195	미완의 작품들	꿈의 완성보다 미완의 길을 선택하다

4

바르셀로나의 성자
가우디의 마지막 도전

Sagrada Familia

201	해골 집, 카사 바트요 Casa Batllo	가우디의 자서전
216	카사 밀라 Casa Milla	낯섦 속의 친숙함
235	성가족 대성당 부속학교	가난한 천사의 집
241	열정의 불길 속으로	성가족 대성당 공사가 재개되다
245	/천재의 영혼이 담긴 곳	
254	인간 탑 쌓기 castells	삶의 모습을 옮겨가다
263	성가족 대성당 Sagrada Familia	가우디의 과거, 현재, 미래
294	"내일은 재밌는 일이 있을 거야!"	가우디, 미완성의 죽음

301 에필로그 / 영원히 멈추지 않는 가우디의 비행

인간보다 더 불완전하게 태어나는 동물은 없다.
그러나 인간만이 호기심이라는 등불을 가지고 태어난다.

- Antoni Gaudi

1

자기 안의 조각을 발견하다

◎

가 우 디 의   탄 생

바 쉬 캄 의 헤 라 클 라 스

가우디의 탄생

가우디는 1852년 6월 25일 바르셀로나 서쪽 작은 소도시 레우스에서 아버지 프란시스코 가우디와 어머니 안토니아 코르네트 사이에서 태어났다. 가우디 위로 다섯 살, 두 살배기 형제들이 3개월 간격으로 죽은 후였다. 그의 부모는 아기의 영혼을 붙잡기 위해 세례를 서둘렀다. 그의 출생 장소에 대한 구체적인 기록은 남아 있지 않다. 가우디의 생가로 불리는 아버지의 대장간이 레우스에서 남서쪽으로 걸어서 두 시간 거리인 리우돔스에 있었다고 하지만 이 또한 정확하지 않다.

가우디는 폐병과 류머티즘 관절염을 앓고 태어났다. 당시에는 거의 치유가 불가능한 병이었다. 생과 사의 갈림길에서 살아남았지만, 일찍 죽은 형제들처럼 앞으로 어떤 일이 벌어질지는 하느님만 알고 있었다. 지병 탓에 또래보다 늦게 학교에 들어간 가우디는 노새의 등에 업혀

가는 날이 더 많을 정도로 허약했다. 그는 평생 언제 죽을지 모르는 날을 하루하루 이겨내며 의지력을 키웠다. 가우디의 아버지 집안과 어머니 집안 모두 수공업 중심의 기술자 집안이었다. 아버지와 할아버지는 대장장이였으며 외증조부는 목수, 외조부는 뱃사람이었다. 그의 허약한 육체 속에는 천부적인 공간감의 피가 흐르고 있었던 것이다.

가우디는 지방색과 사투리를 평생 버리지 않을 정도로 가정과 고향 바쉬 캄에 대한 애착이 남달랐다. 바쉬 캄(Baix camp)이란 카탈루냐어로 저지대 또는 낮은 평원이라는 뜻이며, 레우스와 타라고나를 둘러싼 넓은 평원을 가리킨다. 바르셀로나에 비해 소도시에 불과한 레우스에서 태어난 것을 자랑스럽게 생각하는 그의 태도는 바쉬 캄이 카탈루냐

• 안토니 가우디(1878년)

• 가우디의 땀 냄새를 물씬 풍기는 작업실.

역사의 시작이라는 자긍심 때문임을 어느 정도는 짐작할 수 있다.

타라고나와 레우스는 과거의 도시다. 스페인 역사의 문을 열어준 로마 시대의 전진기지가 타라고나였다. 당시 타라고나에는 100만 인구가 살고 있었고, 바르셀로나는 가난한 어촌에 불과했다. 타라고나, 레우스, 리우돔스는 하나의 도시 공동체 안에서 번성했다.

바르셀로나는 산업혁명 이후 신흥 개발도시로 발전했지만, 바쉬 캄의 역사적 의미를 넘어설 수는 없다. 가우디는 평생 레우스 출신이라는 자긍심을 내려놓은 적이 없다. 그는 바쉬 캄이 바르셀로나의 아버지라고 믿었다.

가우디는 바쉬 캄을 잠시 점령했던 이슬람 문화에서 빛과 돌이 빚어내는 기하학을 발견했다. 로마 문화가 남성적이라면, 이슬람 문화에서는 세밀한 기하학으로 이루어진 여성성을 느낄 수 있다. 가우디는 실효적으로 이베리아 반도를 지배한 이슬람 문화를 배척하지 않고 카탈루냐 문화로 융합시켰다. 로마의 건축은 구축물 자체의 구조체를 강조하지만 이슬람 건축은 빛과 조각이 만들어내는 환상적인 기하학의 비례와 장식 효과에 주목했다. 스페인 건축이 여타 유럽의 건축 문화와 다른 점은 빛과 돌이 서로 부딪치면서 만들어내는 명암의 대비 효과를 다루는 기술에 있다. 가장 스페인적이고, 가장 카탈루냐적이고, 가장 가우디적인 건축 기술은 바쉬 캄을 점령했던 이슬람의 건축 미학에서 발전했다.

반복되는 모티프로 장식된 건축 표면에 빛의 효과를 연출하여 다양한 효과를 거두는 이슬람 건축의 빛의 미학은 이후 가우디 건축의 전매특허가 되었다. 이는 일반적인 역사의 응용이 아니라 가우디만의 자존심과 개인의 경험이 섞여 발전된 독창성이다.

가우디는 이론적인 논리를 세우지 않았다. 다만 자신만의 고집스러운 질서를 평생 추구했다. 디자이너와 예술가와 건축가에게 가장 중요한 것은 자신만의 디자인 원칙을 세우는 것이다. 가우디는 레우스 중심의 바쉬 캄 문화를 바탕으로 두고 이슬람의 빛을 기반으로 삼았다. 그리고 타라고나의 로마 유적과 다양한 중세 유적을

• 가우디는 평생 동심으로 건축물을 빚었다.

통해 자신만의 디자인 개념을 세웠다.

　가우디의 시작은 초라했다. 청년기에는 공방의 조수였고, 중년에는 건축가로서 이름을 알렸다. 말년에는 산발을 한 현장 인부의 모습으로 건축에 헌신했다. 가우디의 모든 창작은 가계의 전통과 바쉬 캄 문화에 기반을 두고 있다. 그는 끊임없이 이상을 향하여 도전했던 바쉬 캄의 작은 헤라클레스였다.

타라고나와 몬세라트

Antoni Gaudí

아름다움은
아무 말 없이
군림한다

◎ 가우디의 고향 레우스는 인구 2만 7천여 명의 소읍이다. 인근의 타라고나는 인구 10만의 도시다. 헤라클레스의 도시 타라고나는 로마의 축소판이자 로마의 위성도시로서 100만에 가까운 인구가 사는 대도시였다. 타라고나는 명실상부한 스페인 건축사의 박물관이라 할 수 있다. 구약 시대 전설이 깃든 묘지, 스페인 최초의 통일국가 서고트족의 건축물, 고딕의 교과서인 산타 마리아 대성당, 로마네스크 등 다양한 시대의 건축 유적들이 도시의 편린처럼 살아 있다.

청소년 시절, 가우디는 친구인 토다와 리베라와 함께 타라고나를 여행했다. 타라고나 곳곳에 흩어져 있는 로마 유적은 하나같이 도시 공동체의 질서와 인간 욕망을 보여주고 있었다. 로마의 돌과 회반죽은 로마네스크 양식으로 다시 태어났다. 그것은 모두 로마의 정신에서 기

• 지중해 수평선과 조화를 이루고 있는 로마 시대 원형경기장(anfiteatro romano).

원한다. 고딕은 로마네스크의 변주에 불과하다. 성벽으로 둘러싸인 로마 유적 중심에 우뚝 서 있는 산타 마리아 대성당은 단순한 벽면의 거대한 원형 창 아래 뾰족아치를 물고서 견고한 신앙심을 보여주고 있다. 다공질의 황금빛 사암의 벽면을 지나면 신비하고 몽환적인 초기 기독교 정신을 만날 수 있다. 단순함과 견고함 속에 가톨릭 정신을 심어놓은 로마네스크 건축은 지나친 허세로 민중을 압도하는 고딕 건축에서 한 발 벗어나 있다. "건축은 아무 말 없이 군림한다"는 가우디의 말은 산타 마리아 대성당에서 나왔다.

• 구시가지 꼭대기에 자리한 산타 마리아 대성당.

• 오른쪽 / 산타 마리아 대성당 꼭대기에서 남측 광장을 내려다본 전경.
• 아래 / 하늘에서 내려다본 토르토사 대성당(Catedral de Tortosa).

가우디의 위대한 점은 타라고나의 견고한 유적에 함몰되지 않고 우아한 건축 유적에서 자신만의 독창적인 건축의 한 축을 세운 것이다. 그가 만약 타라고나의 방대한 로마 유적의 규모에 굴복하거나 로마네스크 건축의 견고함에 무너졌다면 그의 독창적인 건축은 존재할 수 없었을 것이다. 그는 처음부터 자신의 원칙 위에 다양한 유적과 건축의 잠재력을 올려놓았다. 타라고나의 방대한 유적은 가우디에게는 건축의 구축 방법을 제시한 교과서이자 디테일을 배울 수 있는 한 축에 불과했다.

톨레도가 마드리드의 시원이라면 바르셀로나의 시원은 타라고나이다. 기원전 218년 스페인 전초기지로 출발하여 스페인 최대의 로마 도시로 번성을 누렸던 타라고나는 톨레도처럼 강력한 지령을 갖추지 못했다. 오랫동안 로마의 정신을 간직한 헬레니즘의 중심지였지만, 오늘날 카탈루냐의 정신은 몬세라트에 넘겨주었다.

가우디 건축의 뿌리는 자연주의, 민족주의, 기독교 사상에서 찾을 수 있다. 그의 자연주의 사상은 로마, 이슬람, 중세로 이어지는 문화유산과 자연의 교감으로 얻은 것이다. 민족주의는 마드리드 중심의 지배체제에서 벗어나 독자적인 카탈루냐 민족문회를 정착시켰으며, 그의 지역적인 기독교 사상은 몬세라트에 뿌리를 두고 있다.

카탈루냐 민중의 중심은 하늘 높이 우뚝 솟아 있는 몬세라트 성지다. 그 장소만의 고유한 영적인 기운이 서린 땅, 제누이스 로시(Genuis Loci-spirit of place)의 이름은 몬세라트 산(Montserrat)에서 유래했다. 바르셀로나 북서쪽 50킬로미터 지점에 위치한 이 기기묘묘한 형태의 돌산은 융기한 해저지형이 눈, 비, 바람, 서리의 풍화 작용을 거쳐 신비로운 돌산으로 변한 것으로 역사 이래 신의 대리자 역할을 했다. 12세기, 로마네스크 양식의 조각상 검은 성모상(La Moreneta)을 기념하기 위해 수도원이 세워지면서 카탈루냐의 지령(Genuis Loci)과 성지가 마침내 통일되었다.

해발 725m의 산중턱 돌산 계곡에 조용히 자리 잡은 카탈루냐의 성지 몬세라트 수도원은 16세기에 중건했으나, 1811년 나폴레옹 군대에 의해 파괴되어 1852년 다시 중건했다. 1881년에는 검은 성모상이 카탈루냐 수호성인으로 지정되었고 1901년에 이르러 현재의 모습을 갖추게 되었다.

카탈루냐 가톨릭의 중심인 몬세라트 성지는 어린 가우디의 가슴을 뛰게 한 신화의 발원지였다. 황혼에 물든 몬세라트 성지를 바라보면 주변의 낮은 산과 평야의 첨탑처럼 고유한 신의 자태로 자연의 위대함을 느낄 수 있다. 가우디 건축은 몬세라트의 작은 환영이라 할 수 있다. 하늘로 솟아오르는 몬세라트의 육감적인 암석 기둥은 성가족 대성당의 첨탑으로 부활했고, 천사들의 얼굴을 두르고 있는 몬세라트의 암벽은 카사밀라의 외벽과 지붕으로 변주되었다. 구엘 성지 지하제실의 원시적인 화강석 기

• 아기예수를 안고 있는 검은 마리아상.

• 몬세라트 기암괴석에 안겨 있는 수도원.

• 몬세라트 수도원의 장엄한 내부 공간

• 카탈루냐 들판에서 바라본 몬세라트의 원경.

둥은 거친 몬세라트의 암벽에 기반을 두고 있다.

"하늘 아래 독창적인 것은 아무것도 없다. 단지 새로운 발견에 지나지 않는다"는 그의 말은 몬세라트를 두고 하는 말이다. 가우디는 몬세라트를 통해 마침내 고향 바쉬 캄을 넘어서 카탈루냐를 하나의 공간으로 엮을 수 있었다.

가우디 건축의 중심 주제는 진정한 창조는 새로운 발견이라는 믿음이다. 가우디는 로마풍으로 돌아가려는 욕망의 실현인 로마네스크 양식에 휘둘리지 않았다. 로마네스크 양식의 장점과 고딕 건축의 리브와 볼트를 활용하고 이슬람 기하학 건축의 빛의 미학을 융합하여 자신만의 궁전을 지었다. 이 모든 것의 기반에는 자신의 고향을 사랑하는 지역주의와 상상력을 존중하는 모험심이 자리 잡고 있었다.

아버지의 대장간

Antoni Gaudí

자기 안의
조각을
발견하다

◎ 아버지의 대장간은 가우디에게 실험실이었다. 보잘 것 없는 쇠붙이를 녹여서 생활에 필요한 도구를 만들어내는 대장장이 아버지를 존경하고 마음에 담은 순간, 가우디는 남과 다른 인생을 걷게 되었다.

아버지의 대장간은 허약한 가우디에게 날개를 붙여주는 작업실이자 독창성의 근원을 개발하는 연구실이었다. 자신이 처한 가정과 환경과 문화권에서 장점을 발견하는 사람은 소수에 지나지 않는다. 존경은 사랑과 관심의 지속적인 표현이다. 일을 진정 사랑하는 사람은 그 일을 하고 있는 직업의 고수를 존경할 수밖에 없다.

학교에 갈 수 없는 날이면 가우디는 대장간으로 향했다. 아버지의 망치 소리를 통해 불의 성질, 철과 물의 성질을 온몸으로 익혔다. 가우디는 훗날 건축대학을 다닐 때 여러 공방을 들락거리며 마스트(장인)

의 일을 도와 학비를 벌었다. 대학을 졸업하고 본격적으로 건축 사무실을 열었을 때도 제일 먼저 시작한 일은 철을 다루어 대문을 만들고 장식을 만들고 가로등을 만드는 일이었다. 이러한 장인적 기질과 정신은 모두 아버지의 대장간에서 시작되었다고 할 수 있다.

가우디는 관절염에 시달리며 초등학교도 제대로 걸어서 갈 수 없을 정도로 허약했지만, 그의 주변에는 늘 스승이 있었다. 대자연에 펼친 상상력과 호기심이 그의 유일한 친구였다. 때로는 숲속에서 발가벗은 채로 우두커니 서서 숲을 기고 달리고 날아가는 수많은 생명들을 바라봤다. 그들은 모두 제각각 자신의 리듬과 질서와 형식에 맞추어 생명의 진리를 말없이 실천하고 있었다.

그는 자신의 기술을 쉽게 모방하지 못하도록 레오나르도 다빈치처럼 상세한 도면을 그리지 않았다. 대신 중요한 구조와 장식의 디테일을 본인이 직접 만들고 나서 조수들에게 시켰다. 물론 설계와 시공과 감리가 철저하게 분리된 현대 건축과는 차이가 있지만 그의 괴팍한 성격

· 1904년 몬세라트에 소풍 나온 가우디 가족사진(좌측에 앉아 있는 사람이 가우디).

에도 불구하고 조수들과 인부들이 가우디를 따랐던 것은 그의 철저한 장인정신을 존경했기 때문이다. 말보다 실천으로 현장을 지휘했기 때문에 바르셀로나 폭동 기간 동안 다른 부자들의 건물이 무참히 파괴될 때, 그의 작품은 훼손되지 않고 온전하게 남을 수 있었다. 그의 작품은 가우디 개인의 건축이 아니라 공사에 참여한 모든 조수들과 인부들의 작품이기도 했기 때문이다.

몸이 불편한 가우디는 또래보다 항상 학교 공부에 뒤처졌다. 그의 친구 토다의 말을 빌리면 가우디는 항상 애늙은이처럼 지쳐 있었다고 한다. 또래 친구들보다 두 살이나 많은 가우디는 오늘날로 치면 삼수생인 셈이었다. 그가 유일하게 친구들보다 앞서는 분야는 공간지각을 다루는 기하학 과목이었다.

가우디의 아버지는 발 빠르게 변하는 산업화의 길목에서 가내수공업인 대장간을 자식들에게 물려주고 싶지 않았다. 넉넉하지 않은 집안 형편이었지만 큰아들은 바르셀로나 의대에 입학시켰고 작은아들 가우디는 건축가로 키우기 위해 바르셀로나로 유학을 보냈다. 두 아들이 자신처럼 대장장이로 살아가기보다 새로운 시대 더 큰 기회의 문으로 들어설 수 있는 전문가로 성장하길 원했다.

의대생인 형처럼 차분하게 앉아서 공부하는 성격이 아닌 가우디에게 건축가는 육체와 정신이 공유할 수 있는 최적의 직업이었다. 가우디는 가만히 앉아서 암기하며 공부하기보다는 호기심과 열정을 불러일으키는 일에 불같은 열정으로 매달렸다. 지병인 류머티즘은 가우디를 항상 움직이게 했다. 쉬면 병은 그를 더욱 아프게 했다. 상상하고 그것을 공간으로 만들고 제작하는 노동으로 내몰았다.

공간의 본질은 시대의 변화를 좇아 다양한 상징들로 채워 넣은 화려한 장식이 아니라 새로운 시대를 예시하는 공간 질서다. 영웅과 신화의 이야기로 가득 채운 신의 공간이 아니라 시대의 양심을 반영하며 인류의 미래를 열어주는 공간의 주인공은 결국 인간이다. 인간은 누구나 자신의 존재를 연주하는 위대한 지휘자다.

가우디는 그의 심장이 멈출 때까지 단 한 번도 고향 리우돔스와 레우스의 갑옷을 벗지 않았다. 구수한 고향 사투리도 버리지 않았다. 벌겋게 달구어진 쇠붙이의 열정은 망치질과 담금질을 피하지 않듯이 세상의 망치질과 담금질로 자신의 청춘을 강화시켜나갔다. 중세를 빛낸 건축가 미켈란젤로는 "모든 대리석은 내부에 자신만의 조각상을 가지고 있다"고 했다. 모든 인간은 자신의 내부에 자신만의 인생을 간직하고 있다는 말이다. 가우디의 청춘은 인생이 품고 있는 조각상의 구조를 만드는 시간이었다.

숲과 유적을 거닐다 _ _ _ _ _

Antoni Gaudí

에스코르날보우
수도원

◎

　어린 가우디를 숲과 대장간으로 이끈 것은 장애의 그림자였다. 숲에 살아가는 수많은 동식물과 곤충들은 저마다 바쁜 하루를 살아가고 있었다. 바람에 들썩이는 나뭇잎의 떨림 사이로 인간의 귀와 눈으로는 느낄 수 없는 뭇 생명들의 치열한 합창 소리가 담겨 있었다.

　가우디의 장애는 정상인의 눈으로 볼 수 없는 거대한 숲의 공연을 관찰하게 만들었다. 숲의 속살을 파고들면 들수록 호기심의 보석 상자는 수많은 선물들로 넘쳐났다. 그것이 불편한 가우디의 다리를 유혹하며 고향 리우돔스, 레우스의 자연이 품고 있는 로마, 중세, 이슬람의 유적으로 이끌었다.

　빛과 그림자와 생명은 자연의 본질이다. 침묵의 공간을 부드럽게 애무하는 한 줄기 빛이 무심한 돌과 나무에 말을 걸듯이 가우디는 숲의 생명들에게 손을 내밀었다. 가우디 인생의 칠 할은 대장간의 열정과 숲의 생명들이 키워주었다. 숲의 생명들은 숲의 이치에 따라 대를 이어가며 숲을 키워나가지만 결코 급하거나 나약하지 않았다. 자연은 결코 경쟁을 피하거나 삶의 목적을 잊어버리지 않으며 시간을 지배하는 법이 없다. 버섯, 온갖 곤충과 새와 바람, 나비와 벌, 옥수수와 장미꽃, 빛과 그림자와 도마뱀에 이르기까지 자연에 기대어 성장하는 생명들은 모두 자연의 경전에 따라 열정적으로 살아가는 공동체다. 비밀로 가득 찬 이 세상의 문을 열 수 있는 유일한 열쇠는 육체의 한 모퉁이에 고이 묻어두었던 호기심이란 것을 가우디는 어린 나이에 깨달았다.

　가우디의 아버지 프란시스코는 두 아들에게 더 많은 기회를 주기 위해 리우돔스에서 레우스로 이사했다. 레우스는 리우돔스와 타라고나의 중심을 저울추처럼 물고 있는 작은 도시다. 리우돔스의 고딕 성당과 레우스와 타라고나에 널려 있는 수많은 로마 건축 유적들은 가우디에게 상상력으로 가득한 레고 조각이었다.

• 레우스 시장광장 주변 풍경과 광장에서 인간 탑 쌓기 축제가 벌어지고 있는 모습.

어린 가우디는 육체의 닫힌 문 앞에서 좌절하거나 절망하기보다 호기심의 열린 문으로 상상력의 빛을 따라갔다. 조상 대대로 대장장이

• 남측 광장에서 바라본 성 페레 성당과 종탑과 수수하게 장식된 성 페레 성당 내부.

가업을 물려받은 가우디에게 장인의 피가 면면히 흐르고 있었다. 아버지의 대장간은 공기와 물과 바람의 성질을 보고 만지고 배우는 체험의 일부였다. 중세 성벽으로 둘러싸여 있던 유적들(리우돔스의 에스코르날 보우 수도원과 빌라포르투니 성)의 허물어진 돌 부스러기 속에서 침묵하는 이야기들은 어린 가우디의 동심에 날개를 달아주었다.

지중해를 향하여 낮게 엎드린 레우스 일대의 바쉬 캄 평원을 잠시 점령했던 이슬람교도들은 빛의 미학을 처음으로 카탈루냐인에게 전해주었다. 메시아의 형상을 만들지 못하게 하는 이슬람의 율법은 무심한 돌 조각에 빛으로 물든 생명의 영감을 조각하게 했다. 가우디에게 빛은 풀무에서 타고 있는 태양의 거친 조각이자, 투명한 지중해의 햇빛과 돌의 애무였다.

가우디에게 빛은 세상의 주인이자 공간의 생명이었다. 빛은 수없이 다양한 자연의 색을 입혀주는 창조자이기도 하지만 동시에 색을 지워가는 그림자의 씨앗이다. 이슬람의 빛은 세밀한 기하학의 리듬을 타고 그림자의 명암으로 사물의 옷을 갈아입혔다. 이처럼 상상력이란 하나의 사건을 들추면 또 다른 이야기들이 고개를 들고 일어나 새로운 이야기로 빛과 공간의 생명을 노래한다.

빛과 바람과 날씨의 변덕은 생각의 가지를 흔들며 허물어져가는 궁전의 회랑을 넘실거리며 상상력의 공간을 날마다 새롭게 장식했다. 허물어진 돌 조각에 배어 있는 역사의 향내가 독특한 건물로 일어나 어린 가우디의 호기심을 노크했다.

그리스 신화 속의 아이네이아스의 아버지 안키세스는 "성공하려면 다른 사람을 모방하거나 능가하기 위해 노력하기보다는 타고난 재능을 발견하고 그것을 발휘하라"고 그의 아들과 로마 시민에게 이야기했다. 어린 가우디의 가슴을 뛰게 했던 호기심은 숲의 선물이었고 가우디의 미래를 조각했다.

• 바르셀로나 시우타데야 공원에 서 있는 프림 장군 동상.

• 해발 185m에 위치한 로마네스크 양식의 에스코르날보우 수도원.

• 무심하게 중정을 품고 서 있는 에스코르날보우 수도원 아치 벽.

19세기 레우스 출신의 후안 프림 장군과 화가 마리아노 포르투니는 레우스의 자랑이었다. 가우디와 비슷한 환경에서 성공한 두 사람은 어린 가우디에게 세상의 중심이 될 수 있다는 자신감을 불어넣었다. 1868년 9월 혁명의 주역으로 이사벨 2세가 물러나자 프림 장군은 최고군사평의회를 결성하여 스페인 국민에게 공화국 수립을 약속했다. 1868년 9월, 프림 장군은 '스페인 명예 회복'이란 기치 아래 세라노 장군과 함께 이사벨 여왕과 무능한 왕실 내각을 쫓아내기 위한 혁명에 동참했다. 이사벨 2세의 왕위를 이탈리아에 있는 아마데오 1세에게 물려주며 개혁을 시도했으나 1870년 프림 장군이 암살되면서 스페인 제1공화국은 막을 내렸다. 이 사건은 왕권에 대항하는 새로운 시민노동자계급이 정치 일선에 나서는 계기를 마련했다.

스페인의 화가 겸 조명기사인 마리아 포르투니는 레우스 출생으로 프림 장군이 활약했던 스페인·모로코 전쟁에 파견되어 전쟁기록화를 남겼다. 성미가 급하고 소극적인 가우디에게 포르투니 같은 당대 최고의 예술가는 롤 모델이 되기에 충분했다. 포르투니의 그림 중 가장 유명한 〈테투안에서의 전투〉는 프림 장군이 모로코 군대를 납작하게 누른 대승 장면을 담고 있다. 가우디는 포르투니의 장식적인 스타일에도 흥미가 있었지만 더욱 관심을 끈 것은 로마에 별장을 살 수 있을 정도로 포르투니가 성공했다는 사실이었다. 포르투니는 작은 도시 레우스에서 성공을 갈망하는 어린 가우디의 가슴에 별처럼 빛나는 영웅이었다.

두 영웅은 가우디 인생의 든든한 믿음의 기둥이 되어주었다. 상상력의 원천인 자연과 유적은 가우디의 재능에 날개를 달아주었으며 레우스 출신의 성공한 두 사람은 가우디의 꿈에 날개를 달아주었다.

  귀족과 상류층이 모여 사는 도시 마드리드에 비해 바르셀로나는 변방에 불과했다. 그러나 가우디가 평생 바르셀로나를 벗어나지 않고 카탈루냐를 수호신처럼 지키며 살 수 있었던 것은 두 사람의 우상이 버티고 있었기 때문이 아니었을까. 가우디가 카탈루냐 민족주의를 탐닉하며 자신의 예술 세계를 연마하며 살 수 있었던 것도 그런 믿음의 축이 든든하게 지켜주었기 때문이었다.

==포블레트 시토 수도원==

당돌한
모험가들

소년 가우디가 있는 곳에는 항상 모험심 가득한 친구 토다와 리베라가 함께 있었다. 이들에게 남은 탐험지는 레우스 인근의 포블레트 시토 수도원 유적지뿐이었다. 카탈루냐 아라곤 왕실의 역대 왕과 귀족의 무덤이 있는 시토 수도원은 1153년 바르셀로나의 백작이자 카탈루냐 왕이었던 라몬 베렌게르 4세가 프랑스의 폰트프레다 수도원을 위해 라 콘카 데 바르베라의 영지를 희시했을 때, 프랑스의 시토 수도회 수사들에 의해 만들어졌다. 당시 이곳은 신 카탈루냐라고 알려진 변방 지역이었다.

아득한 황무지에 달랑 놓인 주춧돌은 크리스트교의 번영과 위엄을 상상하기에 충분했다. 타라고나 지방을 아랍인의 손아귀에서 구출한 가톨릭 세력들이 승리의 축배를 들어 올린 날(1129년)로부터 20년 후

• 포블레트 수도원 중정.

• 중세 석조 건물의 위용이 느껴지는
포블레트 수도원 회랑.

수도원은 건립됐다. 포블레트는 이후 400년간 줄곧 토르토사에 진지를 구축한 아랍 제국과 대치하며 팽팽한 긴장 상태를 유지했던 요새였다.

1185년 수도원은 도서관과 극빈자를 위한 병원을 설립하기 위해 기부금과 지원금으로 교회 자산을 늘려나갔다. 수도원은 왕과 귀족들의 후원을 받으며 번영을 누렸다. 1400년까지 60여 개 마을을 소유하는 동시에 인근 10개 마을의 시장 임명권을 행사하는 봉건 영주의 권력을 갖고 있었다.

1833년 페르난도 7세의 죽음으로 일어난 왕위 찬탈은 곧바로 카를리스타 내전으로 발화되었다. 반 교권 세력들은 시민들을 핍박하던 카탈루냐 전 지역의 수도원을 약탈했다. 당시 포블레트를 지키던 수도사들은 시위자들이 오기 전에 미리 피신하여 목숨을 건질 수 있었다. 1835년 여름, 빈 수도원에 잠입한 시위대들은 건물을 훼손하고 값나가는 성물을 약탈한 뒤 불을 질렀다.

당시 수상인 후안 알바레스 멘디사발은 교회 자산 몰수를 합법화하는 법안을 통과시켰다. 이후 30년 동안 포블레트의 약탈은 빈번하게 일어났다. 도굴꾼들이 무덤을 파헤치고 쓸 만한 건축 자재와 석재까지 모조리 가져가버렸다. 게다가 내전으로 시작된 포격과 훼손으로 크리스트교의 유적지는 마침내 돌무더기만 나뒹구는 황무지로 변했다.

어린 영웅들은 레우스의 자존심인 포블레트를 다시 세워 카탈루냐의 과거 영광을 재현하기로 맹세했다. 스케치와 수필, 도서관의 도서 목록 그리고 토다가 남긴 메모들로 짐작해볼 때 그 당시 17살의 가우디와 14살의 토다와 리베라는 세상물정 모르는 청소년에 불과했다. 하

• 푸른 하늘 아래 낮게 펼쳐진 포블레트 수도원.

지만 그들이 제안한 미래 비전과 도시복원의 장구한 포부는 실로 놀라웠다. 가우디는 허물어진 돌무더기를 보면서 '건축은 아무 말 없이 군림한다'는 시적인 표현을 할 정도로 치밀한 관찰력으로 스케치와 메모를 넘어서는 포블레트 복원 계획을 수립했다.

  포블레트는 독학으로 건축을 공부한 가우디 인생의 첫 번째 프로젝트였다. 건축은 작은 재료와 재료가 질서정연하게 조합되어 구조를 세우고, 공간을 품고, 디테일을 조정하며, 거대한 볼륨을 형성한다. 아치를 만들 때 마감돌의 형태 변화와 이음새의 디테일을 관찰하는 것이 건축 교육의 핵심이다. 주춧돌의 크기와 무게 그리고 주춧돌 위에 돌을 고정하는 방법에 이르기까지 다양하게 상상할 수 있는 힘이 건축 디테일의 기본이다. 포블레트의 앙상한 유적은 찢긴 오시리스의 살점을 다시 모아서 원래의 생명체를 다시 살리는 실험실이었다. 세월과 인간의 난폭함으로 분리, 해체, 파손된 돌 조각을 다시 원래의 모양으로 완성하기 위해 가우디는 건축 구조를 형성하는 디테일의 힘줄까지 들여다보았다.

가우디에게 포블레트 유적지는 지난 시간의 소중한 기억을 깨우는 재생의 외침이었다. 건축물 역시 사람의 인체 구조처럼 뼈와 근육으로 구성되어 있다. 부드러운 피부 아래에 근육과 힘줄과 뼈와 각종 신경망과 핏줄들이 자동차의 부속품처럼 완벽하게 조립되어 있다. 정형외과 의사처럼 가우디는 아름다운 건축물의 골격과 뼈대의 디테일까지 완벽하게 조립된 비밀의 공간을 상상했다. 포블레트 복원 프로젝트의 최초 기획자로 참여한 토다와 가우디, 리베라의 삼총사는 각자 역할을 분담했다. 가우디는 성벽을 보수하고 대들보를 세우고 도굴꾼들이 만들어놓은 구멍을 다시 메우고, 그 위에 원래 건축물을 다시 복원하는 작업을 맡았다. 리베라는 포블레트의 역사와 그곳 출신의 위대한 인물들을 추적했으며, 토다는 도서관 자료를 정리하여 포블레트 유적의 목록을 작성했다.

토다는 빠른 시일 내에 포블레트에 관한 연구 논문을 쓰고 그 출판 수익금을 복원 계획의 초기 자금으로 쓸 야심찬 계획까지 세웠다. 초기에 약간의 현금만 투자하면 자급자족이 가능한 복원 계획이 되리라 기대했다. 이것은 오늘날 지속가능한 친환경 프로젝트의 표본이다. 대단위 복원 계획안이 실현되기 위해 재정적인 뒷받침까지 생각한 세 명의 소년은 영락없는 돈키호테였다.

그들은 단순히 건물을 재건하는 수준이 아니라 자급자족이 가능한 친환경적인 마을을 구상했다. 축산을 하고, 꿀과 비누를 비롯한 지방 특산물을 개발하는 일에서 다양한 도시의 서비스에 이르기까지 자급자족할 수 있는 생태적인 자생마을을 구상했다. 겨울의 눈을 땅속에 저장하여두었다가 여름에 내다 파는 허무맹랑한 생각에서 정부보조금 지원과 경기 변동에 대한 경제적인 대책까지 생각했다.

가우디는 포블레트 공사에 고용된 건축가들이 가족과 함께 머무를 공간까지 마련하고, 예술가들을 위하여 포블레트 건물의 일부를 전시장 또는 자연 박물관으로 사용하려는 계획을 세웠다. 놀라운 점은 어린 삼총사의 모험적인 상상력은 오늘날 스페인 산업 곳곳에 스며들어 현실이 되어가고 있다는 것이다. 스페인 10대 기업의 하나인 몬드라곤은 협동조합이며, FC바르셀로나 구단은 18만 시민들의 조합으로 구성된 공동체다. 토다는 자신이 구상하던 책을 썼고, 30년 후 외교관의 신분을 벗었을 때 포블레트 복원 재단을 설립하고 자신이 직접 명예회장으로 취임하여 어린 시절의 꿈을 완성했다.

자신의 약점을 극복하면서 자연스럽게 각인된 가우디의 카리스마는 앙상한 뼈대를 드러내고 흩어져 있었던 포블레트 유적지에서 이미 성장하고 있었다. 9월이 되자 토다는 마드리드로, 리베라는 남쪽 안달루시아로, 가우디는 바르셀로나로 가면서 삼총사는 흩어졌다.

• 골목 끝으로 보이는 타라고나 대성당

하느님이란 하느님을 찾아가는 그 행위 속에 존재한다.
-니코스 카잔차키스

2

바르셀로나의 고독한 천재

◎

청 년　가 우 디

고딕 지구와 리베라 지역

Antoni Gaudí

바르셀로나의 가우디

가우디는 바르셀로나 리베라 지구의 낡은 건물의 꼭대기 층에서 형과 함께 살았다. 집안의 전 재산을 팔아 떠나온 유학이지만 가난한 시골 유학생이 들어가 살 수 있는 곳은 방세가 싼 리베라 지구에 위치한 오래된 사창가의 꼭대기 층뿐이었다. 무역업이 쇠퇴하던 시기, 가우디가 살았던 해안가 일대는 리베라 지역의 심장부이자 가난한 노동자들의 무대였다. 리베라 지구는 '세상을 떠돌다가 마침내 돌아온다'는 카탈루냐 속담처럼 각양각색의 피난민들이 제일 먼저 발을 들여놓는 선창가였다. 거친 노동자들의 한숨 소리가 파도의 포말처럼 부서

• 리베라 지역의 좁은 골목.

지는 선창가에는 인생의 밑바닥에서 지친 날개를 펄럭이는 노동자들의 질펀한 삶들이 아우성치고 있었다.

　기초물리학과 자연과목을 통과하기 위해 가우디는 대학 예비반에 등록했다. 부자들이 사는 고딕 지구와 가난한 자들의 시장 골목인 리베라 지구는 서로 어깨를 마주하며 바르셀로나 역사의 중심에 서 있다. 리베라 지구의 심장인 해안가에서 고딕 지구에 이르는 리베라 거리는 좁은 거리에 6층 건물들이 이마를 마주하며 가득 차 있었다.

　삶의 고통을 가려주려는 듯 골목에 드리운 그림자가 융단처럼 하늘을 이고, 뒤뚱거리는 협곡은 푸른 하늘을 버겁게 물고 있었다. 악취, 노점상이 가득하고 다툼, 섹스, 소음 등이 빈번한 빈민가의 좁은 골목길을 따라 걷다 보면 제각각인 건축 양식과 각양각색의 사람들이 뿜어내는 비릿한 살 냄새가 도시에 깊은 한을 아로새겼다. 리베라 지구는 혀 꼬부라진 고향말로 다투다 툭하면 단도, 곤봉을 내지르는 이방인과 난봉꾼들의 비명 소리로 얼룩진 무법천지였다. 인생의 막다른 골목에 내몰린 빈민들에게 절망은 평생 벗어버릴 수 없는 가우디의 지병처럼 이미 단단한 삶의 일부가 되었다.

　그 시절 도시 서쪽 끝엔 바둑판처럼 반듯하게 길을 닦으며 신도시가 들어서고 있다. 그것은 바르셀로나의 배치도를 바꾸고 있었다. 지금까지 도시의 심장부를 장식하던 석조 건축물들이 과거의 유산을 벗어던지고 목을 빼고 신도시를 바라보고 있는 것 같았다. 바르셀로나의 도시 구조를 하늘에서 내려다보면 대부분 바둑판처럼 반듯한 격자 구조의 틀을 유지하며 정돈되어 있지만 유독 몬주익 언덕 남동 측 해안가

©JasonParis

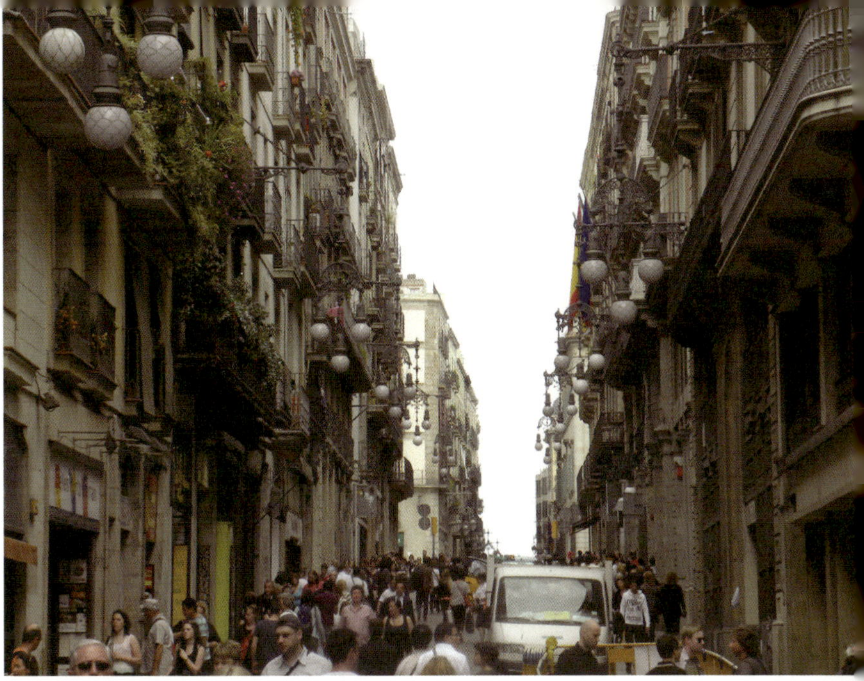

• 고딕 지구 페란 거리 풍경.

• 왼쪽 / 리베라 지구의 정겨운 골목길.
• 오른쪽 / 산타 마리아 델 마르 성당 입구 광장에서 우측으로 바라본 빌딩.

©malouette

©Spiegelneuronen

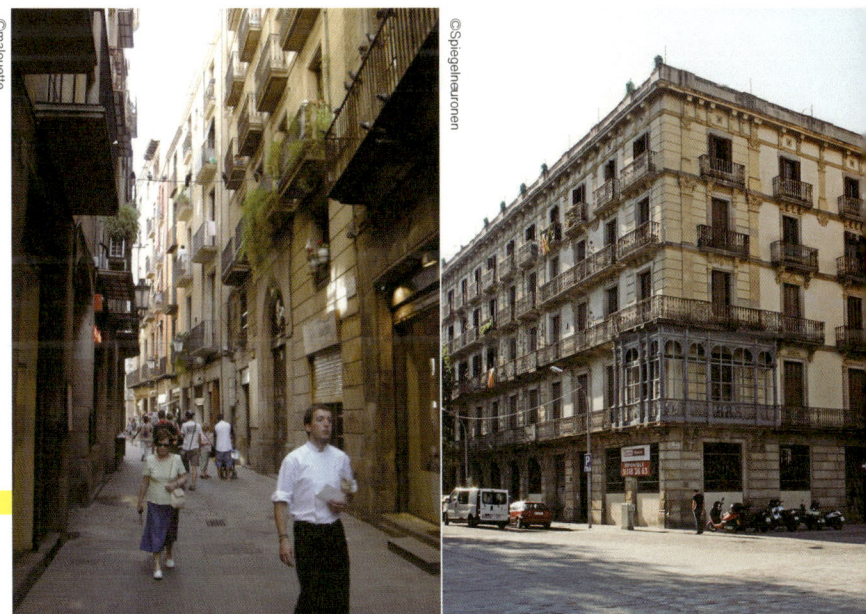

의 고딕 지구와 리베라 지역만이 거미줄에 얽힌 중세 골목길에 포로가 되어 있다. 그나마 고딕 지구는 귀족 지구답게 마차가 교차할 수 있을 정도로 길이 여유 있지만 리베라 지역은 거미줄처럼 촘촘한 골목길이 중세의 아픈 흔적을 끌어안고 있다.

귀족들의 주거지 고딕 지구와 하층민의 거주지 리베라 지역은 서로 등을 버겁게 기대고서 지난한 바르셀로나의 역사의 수레바퀴를 굴려 왔다. 봉건 지배계급의 심장이었던 고딕 지구에는 수도원을 비롯한 가톨릭 종교 건물들이 성처럼 모여 있다. 그에 비해 리베라 지역은 세상을 떠돌다 마지막 숨을 곳을 찾아든 가난한 노동자들의 질긴 생명들이 서로 부딪히며 아우성치는 막장이었다. 시중잡배들의 선술집과 매춘의 소굴이었던 선창가는 지금 화려한 워터 프론터(Port Vell)로 옷을 갈아입고, 지중해의 바람에 실려 오는 파도의 포말에 과거의 상처를 말끔히 세척하고 아름답게 미소 짓고 있다.

바르셀로나의 유서 깊은 람블라스 거리가 리베라 지구의 상징인 콜럼버스 광장을 배꼽처럼 물고서 북서쪽으로 거슬러 오르며 중세의 시간을 탯줄처럼 전시하고 있다. 가우디 건축의 빛과 어둠은 고딕 지구의 빛과 리베라 지구의 어둠에서 잉태했다. 가우디는 자신이 태어난 시간과 공간에서 영원히 자유로운 건축물을 세웠다.

가우디는 매일 리베라의 골목길을 가로질러 중세 건물들이 즐비한 고딕 지구를 지나 신흥 주거지를 통과하여 팔라우 궁전 맞은편의 바르셀로나 건축대학으로 걸어 다녔다. 매일 가난한 자와 부자와 신흥 재벌들의 삶 속으로 거침없이 파고들며 도시의 빛과 그림자를 마중했다.

고색창연한 중세의 건물들이 빼곡한 고딕 지구는 지금 카페, 부티크, 레스토랑 같은 산뜻한 가게들이 시간의 깊은 그늘에서 화려함을 뽐내고 있다. 고딕 지구의 상징인 대성당은 로마네스크 양식의 성당이 있던 자리에 13세기에 고딕 양식으로 지어졌으며 19세기에 개축했다. 첨탑은 고딕 양식이지만 내부 구조는 로마네스크 양식으로 지어졌다. 성가대석을 에워싼 흰 대리석에는 바르셀로나의 수호성녀 산타에우랄리아의 순교 장면을 조각하여 도시의 심장임을 강조하고 있다.

대성당이 화려한 고딕 지구의 상징이라면 산타 마리아 델 마르 성당은 가난한 노동자들의 안식처였다. 단순하고 소박한 산타 마리아 성당은 어두컴컴한 리베라의 골목길을 밝혀주는 등불이었다. 칼날처럼 얇

• 부자들의 기도 공간이었던 바르셀로나 대성당.

• 라이에타나 거리. 고딕 지구와 리베라 지역을 가르며 지중해로 곧장 뻗어 있다.

게 파인 리베라의 골목길을 따라 걸어가다 보면 어디가 시작이고 어디가 끝인지 알 수 없는 미로들이 조각하는 풍경과 마주친다. 시간의 침묵 소리가 삐거덕거리며 거친 삶이 토해내는 중세의 한숨 소리를 들을 수 있는 리베라의 상징인 몬카타 거리는 좁아서 더 친근하고, 깊어서 더 외롭다.

산타 마리아 성당을 지나 북쪽으로 조금 더 올라가면 울긋불긋한 색체로 장식한 카탈루냐 음악당이 우아하게 미소 짓고 있다. 가우디의 평생 경쟁자이자 동지였던 건축가 도메네치에 의해서 1908년 완공되었으며 다음 해 바르셀로나 최고 건축상을 수상했다. 형형색색의 장식과 모자이크로 장식된 바르셀로나 모더니즘을 대표하는 이 건축물에는 그에 걸맞게 바르셀로나의 수호신 산조르디가 조각되어 있다. 화려한 색채의 모자이크 타일과 스테인드글라스와 조각들이 과거의 영화를 동화처럼 펼쳐 보이고 있다. 조금 더 오르면 가우디의 카사 칼베트가 수수하게 길목을 지키고 서 있다.

산타 마리아 델 마르 성당이 고딕 양식 건축물 중에 단연 최고 작품으로 지목되는 이유는 노아의 방주를 연상시키는 단순한 공간에 있다. 남쪽 출입문에서 내부 주랑을 바라보면 넓찍이 배열된 기둥들이 중앙 홀을 지탱하며 시선을 빨아들일 기세로 지키고 서 있다. 이 기둥들은 투명한 반원형의 회랑에 다가갈수록 템포가 빨라지며 시각적 리듬을 고조시킨다. 복도를 따라갈 때 반복되는 관람객의 시선은 역동적으로 솟아오르는 횡선 대들보를 따라 육각기둥 장식머리에서 아찔하게 천장으로 치솟는다. 하늘 끝까지 이어지는 기둥의 숲에는 하느님을 마

• 도메네치의 카탈루냐 음악당. 모서리에 꽃을 조각한 기둥과 상부 조각, 중앙 파사드의 모자이크들이 화려함의 극치를 보여주고 있다.

• 화려한 장식의 카탈루냐 음악당 내부. 파란색과 황금색의 스테인드글라스로 멋을 부린 천장과 실내 장식들이 동화 속의 궁전을 연상시킨다.

중하는 인간의 간절한 염원이 담겨 있다. 반원의 제단으로 다가갈수록 점점이 가라앉는가 싶더니 이내 정적 속으로 가라앉은 자애로운 빛은 확장하며 신앙심을 하늘 끝까지 이끈다. 석조의 견고함으로 공간적 환영을 단순하게 조정하는 내부 공간은 뛰어난 공학 기술의 테크닉은 없지만 고양된 신앙심을 간절하게 끌어안는 깊이가 있다. 절제된 공간에서 빛과 기둥과 천장의 선형이 만들어내는 하모니는 가난한 노동자들의 희망처럼 아련하다.

산타 마리아 델 마르 성당의 참 의미는 길 잃은 양떼를 모아 안전한 우리로 데려가는 것이었다. 14세기에 만들어진 산타 마리아 성당의 그리스도 안에서 합일되는 공동체의 시적 분위기는 훗날 성가족 대성당이 지향하는 공간의 방향을 가우디에게 제시했다. 산타 마리아 델 마르 성당은 양초 생산자, 무두장이, 어부 등 리베라 상인들의 헌신과 기부금으로 지어졌다. 비전문 일꾼들도 몬주익 근처의 채석장에서 거대한 바위를 끌어올리며 성당 공사에 동참했다.

리베라의 건축물들은 여러 양식들과 여기저기 남아도는 재료들이 마치 짜깁기하듯 기워져 있었다. 밋밋한 입면 뒤에 복잡한 장식 건물이 이전 양식 위에 새로운 양식을 덧붙인 채로 보잘것없는 대문 사이로 수줍게 얼굴을 내밀고 있다. 작은 대문 뒤로 아늑한 안뜰이 수수하게 똬리를 틀고서 지중해의 빛을 안고 환하게 미소 짓는 곳이다. 로마 시대 성벽의 육중한 화강석은 벽이 되었다. 그리고 로마네스크 기둥은 신고전주의 건축물의 발코니에 올라타고서 지난 시간을 침묵으로 노래하고 있다.

• 14세기에 지어진 산타 마리아 델 마르 성당.

　기록에 의하면 가우디에 영감을 불러일으킨 포르소스 궁전이 본 광장 건너 해안가에 신고전주의 양식으로 지어져 있었다. 인도에서 온 사람으로 불리던 건축주 시프레는 새로운 도시의 엘리트 계층을 대표하는 상인으로 식민지에서 사탕수수, 럼(사탕수수 즙으로 만든 술), 목화, 노예 사업으로 갑부가 되어 금의환향했다. 시프레의 욕망에 부합하는 영웅적인 이야기들로 건물의 입면을 장식한 포르소스 궁전은 훗날 가우디에게 고급주택의 영감을 제공했다.

　부자와 가난한 자의 두 얼굴이 바르셀로나의 정체성이듯 가우디 건축 역시 부자와 가난한 자의 건축으로 극단의 대조를 이룬다. 서로 상반된 세계를 오가며 철저한 장인정신으로 무장한 가우디는 언제나 건축의 본질을 꿰뚫었다. 삶과 죽음이 공존하듯이 부자와 가난한 자의 생이 공존하는 도시는 인간 세상의 축소판이다. 말년에 이르러 가우디는 더 이상 부자들의 개인 건물을 짓지 않고 전 재산을 희생하여 오로지 성가족 대성당을 짓는데 몰두했다. 이러한 정신은 젊은 시절 리베라 거리에서 깨달은 삶의 본질로의 회귀에 바탕을 두고 있다.

- 위 / 산타 마리아 델 마르 성당의 간결한 반원형 제단. 성가족 대성당의 검소한 제단에 영향을 미쳤다.
- 아래 / 초기 바실리카 예배당의 청빈함이 풍기는 산타 마리아 델 마르 성당의 천장.

바르셀로나의 고독한 천재, 가우디

"이겨내기 위해서는
미친 듯이
일해야 한다"

4년간의 지루한 대학예비과정을 거친 가우디는 1874년 10월, 22세의 나이로 건축대학 시험을 모두 통과했다. 그러나 1875년 징집명령을 받아 군복무를 1년 마치고서 또래 친구들보다 늦은 나이로 건축학교에 등록했다. 가우디는 학생 신분에 머물지 않고 바르셀로나에 산재한 여러 공방을 돌아다니며 교수와 함께 실무 작업을 병행했다. 신설 대학이어서 교수들과 가우디의 나이 차이가 크지 않았다. 다혈질에 고집까지 센 가우디는 교수의 스타일을 맹목적으로 따라가는 모범생이 아니었다. 훗날 교수로 있어달라는 청을 받았을 때 가우디는 "건축학교 수업은 단순한 연습일 뿐이다"며 일언지하에 거절한 것으로 미루어 그는 평생 강의실보다 현장의 땀을 더 사랑한 듯하다.

당시 사진 기술의 발달로 가우디는 도서관에서 예쁘게 편집된 사진

판화본으로 세계문화유산을 섭렵하며 여행의 갈증을 삭였다. 사실감 있는 지형과 구조 형태를 살필 수 있는 사진 자료는 당시로는 획기적인 자료였다. 건축대학에서 실용적이고 이론적인 건축 구조 및 재료의 저항력, 하중분석, 투시도, 역학, 지형학, 설계 등을 배우고 나머지 미학, 철학, 인문학은 타 단과대학 강좌에서 폭넓게 섭렵했다. 스페인 땅에서 꽃피운 페니키아, 그리스, 로마, 서고트, 켈트, 아랍, 베르베르, 유대 전통이 모두 스며들어가 있는 스페인 문화를 건축수업만으로 모두 소화할 수는 없었을 것이다.

• 가우디가 1882년 바르셀로나 대성당 파사드 현상 공모안으로 제출한 도면.

    그는 다양한 시대의 양식뿐만 아니라 푸진, 러스킨, 비올레(노트르담 성당 복원 건축가)로부터 건축을 이해하는 기준과 원칙을 세웠다. 이들 중에서 비올레의 건축 분석이 러스킨이나 푸진보다 더 급진적이었으며 13세기가 지닌 고전적 핵심을 명확하게 묘사했기 때문에 비올레로부터 가장 많은 영향을 받았다. 비올레는 선조의 작품을 맹목적으로 모방하기보다 자신만의 시각으로 걸작 뒤에 숨겨진 비밀들은 몇 개의 원리로 요약했다. 비올레를 통하여 먼저 창조적 힘의 원천이 무엇이며, 창조적인 힘을 어디에 사용해야 하고 어떻게 살아 있게 만들 것이냐에 대한 실용지침에 영감을 받은 가우디는 낡은 구조에 생명력을 불어넣은 비올레의 원칙뿐만 아니라 오래된 문제를 들춰내고 자신만의 방법으로 해결하는 능력까지 받아들였다.

과거의 양식에 얽매이지 않고 당시 트렌드에도 구속받지 않을 수 있는 가우디만의 건축 원칙은 그때 만들어졌다. 당시 비올레의 영향을 받은 건축학교는 유적지를 견학하며 해체된 건축물을 통하여 낡은 구조물에 생명을 불어넣는 방법을 찾아볼 것을 요구했다. 포블레트 유적지를 뒤지며 무너진 돌 더미에서 부러진 뼈와 근육과 핏줄을 복원했던 가우디는 사물의 본질을 꿰뚫어보며 생각의 구조를 세울 수 있었다.

· 1875년 가우디가 학교 과제로 제출한 공동묘지의 문. 1936년 화재로 소실되고 이 사진 한 장만 남아 있다.

가우디는 제도판 위에서 도면을 그리는 데 매달리지 않았다. 그는 항상 설계실을 박차고 나와 건물이 들어설 대지에서 3차원 공간구조를 먼저 세우고 나서 도면을 그렸다. 대지에 들어설 건축공간이 되고자 하는 목적과 방향과 기능에 대해 충분히 질문하고 나서 춤추는 영감으로 구조와 기능과 미의 옷을 입혔다. 현장에서 보고 느낀 바람 소리, 물소리, 새소리, 한 송이 꽃과 나무까지 그들이 자아내는 영감을 바탕으로 3차원 모델을 만들어보고 나서 빠른 시간에 도면을 그렸다.

공동묘지 입구를 설계하는 과제를 받았을 때 가우디는 종이 위에 자신의 생각을 선으로 표현하기보다 공동묘지에 대한 근원적인 생각에서 설계를 출발했다. 죽음의 의미를 생각하다 죽음이 생의 끝이 아니라 하늘나라로 들어가는 시작의 문이라는 생각에 이르렀다. 가우디는 공동묘지 입구를 천당과 지옥을 구별하는 심판대라 믿으며 하늘나라로 들어가는 과정을 상상가는 대로 종이 위에 묘사했다.

전체적인 형태는 장식을 가미한 신 중세 양식이었지만 설계도면에는 실제 장례가 이루어지는 과정을 사실적으로 그렸다. 어두운 하늘 아래 장례 행렬을 따라 사이프리스 가로수기 늘어서 있고 가슴 아프게 우는 조문객까지 실감나게 그렸다. 오페라 무대를 연상하듯 상상력의 극본에 따라 도면을 그렸다. 그러나 교수의 지도 방향을 따르지 않았다는 이유로 가우디는 심사장에서 쫓겨나고 말았다.

가우디는 남들처럼 도면을 그리고 나서 모형을 만드는 것이 아니라 오랜 사색을 거치고 나서 모형을 만들고, 빠른 시간에 도면을 완성했

• 가우디 탄생 150주년 기념으로 제작한 가우디 조각상.

다. 그는 드로잉에 집착하기보다는 생각으로 집의 모형을 먼저 만든 뒤에야 간단한 도면을 그리고 직접 시공하는 중세의 장인 같았다. 그는 레오나르도 다빈치처럼 남들이 자신의 도면을 베끼는 것을 항상 염려했기 때문에 도면을 상세하게 그리지 않았다.

가우디는 습관적으로 도면을 그리기보다 하나의 건물이 완성될 때마다 실험 결과를 분석하고 곧바로 새로운 실험에 도전했다. 전체 스토리를 풀어나가는 소설가처럼 구조에서 디테일에 이르기까지 일관된 스토리에 맞추어 공간을 쌓아올렸다. 그는 항상 남과 다른 시각으로 세상을 바라본 고독한 천재였다.

리베라 거리의 좁은 골목에 누운 고독한 그림자처럼 청년 가우디는 철저히 혼자였다. 자신의 손으로 인생의 기초를 만들고 혼자 힘으로 기둥을 세워야 했다. 찬란했던 스페인은 그 빛을 잃고 스러져가는 노을처럼 짙은 그림자만 남기고 있었다. 1875년 가우디는 징집 명령을 받고 그해 2월 23살 꽃다운 나이에 후방 보병부대로 편입되었다. 파비아 장군의 쿠데타에 이어 일어난 제3차 카를리스타 전쟁으로 정국은 불안의 소용돌이에 빠져들었지만 1876년에 허수아비 왕 카를로스 7세가 프랑스로 유배를 간 뒤에 모든 상황이 일시에 종료되었다. 삶과

• 시원하게 물을 뿜고 있는 시우타데야 공원 분수.

죽음의 사이에서 참고 견뎌낸 고독한 시간은 인생을 좀 더 높은 곳에서 관조할 수 있는 여유를 선물했다. 교수들이 실험적인 작품을 싫어한다는 것을 직감하고서 가우디는 의식적으로 논쟁을 피했다.

1876년 형 프란시스코가 스물다섯의 꽃다운 나이로 요절했다. 그토록 소망하던 의사의 꿈을 채 펼쳐보지도 못하고 시들어버렸다. 큰아들의 죽음을 감내하지 못한 어머니마저 두 달을 채 견디지 못하고 영원히 가우디 곁을 떠나버렸다. 슬픔의 그림자가 가우디의 가슴에 남아 있는 한 조각 빛마저 지워버렸다. 가난과 고독과 슬픔을 실은 암흑의 기차는 질긴 슬픔의 터널을 차가운 뱀처럼 천천히 달려가고 있었다. 가우디는 한동안 절망의 외투를 걸친 상태로 칠흑 같은 고독의 바다 한가운데에서 한없이 절망하며 무너져 내렸다. 절망의 그림자에서 벗어나는 유일한 길은 일 속에 자신을 파묻는 것뿐이었다. 지옥의 사자에게 매달리듯이 가우디는 의식적으로 일에 매달렸다. '이겨내기 위해서는 미친 듯이 일해야 한다'라는 글귀는 고독하고 처절한 몸부림의 표현이었다.

가우디는 생활비를 벌기 위해서, 슬픔의 악마에서 벗어나기 위해서 일에 매달렸다. 바르셀로나의 장인으로 유명한 호세 폰트세레 메스트레스의 작업실에서 대학을 마칠 때까지 도제로 일했다. 가우디는 이곳에서 여러 가지 계획에 참여했다. 1873년 시우타데야 공원 급수조, 폭포, 정문, 그리고 공원 전체를 둘러싸는 1킬로미터가 넘는 철책을 포함한 실무 작업에 동참했다. 또한 교수이자 건축가인 프란시스코 데 파울라 델 비야르 작업실에서 제도공으로 일했다. 바르셀로나에서 평판이 높았던 장인이며 건축가로서 19세기 절충 양식의 대표자인 에밀리오 사라 코르테스 밑에서도 일했다.

극한의 상황을 체험하지 않은 작가의 작품이 대중의 가슴에 깊은 울림을 선사할 수 없듯이 고독한 실무 경험이 가우디를 위대한 건축가로 이끌었다. 고독한 열정이 숙성되어 마침내 가우디만의 건축에 독창적인 색을 입혔다. 시련보다 더 좋은 스승은 없다.

==실전에서 경험을 쌓다==

천재 아니면 바보 같은 졸업생

◎ 가우디는 건축대학 학생이면 누구나 참가하는 설계공모전에도 부지런히 작품을 제출했다. 한꺼번에 서너 개의 프로젝트를 하느라 하루 종일 일만 했다. 가우디의 일기장엔 할 일들이 쉴 틈 없이 메모되어 있었다. 비야르 2시간, 피뇨르 1시간, 폰트세레 3시간, 세라야치 1시간, 학교과제 1시간…… 이쯤이면 공부를 하는 학생인지 현장에서 일을 하는 장인인지 구별하기 힘들었다.

어머니와 형이 세상을 떠나면서 새삼 가족의 중요성을 깨달은 가우디는 '집이란 가족이 사는 작은 나라다. 집은 곧 조국인 셈이다. 빌린 집은 이민 가서 사는 나라다. 그러므로 자기 집이 세상에서 가장 이상적인 집이다. 가족이 없는 집은 자기 집이라 하지 않는다. 빌려 쓰는 집에 불과하다. 가족의 집을 카사 파이랄(pairar, 돛을 내리고 있는 배)이라

이름 붙였다. 이 이름을 들을 때 시골에 있든 도시에 있든 누구들 마음속에 아름다운 곳을 떠올리지 않을 수 있으랴!'라며 글로 자신의 심경을 남겼다. 하지만 그는 결국 평생 독신으로 지냈다.

가우디는 짓고 만드는 현장의 끈끈한 땀 냄새를 더 좋아했다. 스승의 작업실에서 필요한 장식을 직접 손으로 만들면서 손과 땀으로 건축을 조각했다. 가우디의 수공예적인 장인 경험은 대학 강의실이 아니라 바르셀로나의 이름 있는 예술가들의 공방에서 몸으로 체득한 것이다. 가우디 건축의 아우라는 손과 발과 몸으로 직접 뛰어다니며 근육으로 다져진 체험의 결과다.

가우디의 졸업 설계 주제는 병원이었다. 세계의 모든 병원 건물을 조사하느라 시간을 몽땅 흘려보내고 과제 제출 하루 전날 밤에야 겨우

• 가우디가 수채화로 채색한 잔교 입면도.

- 위 / 1877년 6월 가우디가 작성한 카탈루냐광장 분수 입면도.
- 아래 / 1877년 10월부터 11월에 걸쳐 가우디가 졸업 작품으로 완성한 대학 강당의 입단면도.

도면을 그릴 수 있었다. 가우디는 교수의 기호에 맞추기보다는 자신의 생각에 충실한 병원 설계도를 제출했다. 심사가 끝나고 나면 건축학교 졸업생들은 모두 학장의 집에 모여 축하 파티를 열었다. 졸업 파티에 참석한 가우디는 졸업 축하 와인 잔을 들고서 로젠 학장의 연설을 들었다. "여러분의 영광스러운 졸업을 진심으로 축하합니다. 건축가로서 새 출발하는 여러분의 앞날에 무궁한 영광이 함께하기를…… 아 참 하나 놓친 게 있습니다. 미안하지만 가우디는 이번 졸업심사에서 탈락했습니다." 로젠은 구석에 서 있는 가우디에게 어색한 눈길을 던졌다.

  어머님과 형이 가족의 곁을 떠난 후로 가우디는 줄곧 집안을 혼자서 이끌어 나가야 했다. 슬픔을 잊기 위해, 고독함을 물리치기 위해 열심히 일에 매달렸으나 정작 중요한 건축사 자격시험에 낙방했다. 어린 시절부터 그렇게 희망하던 건축사가 되지 못할지도 모른다는 생각에 가우디의 가슴은 무너졌다. 그러나 가우디의 천재적인 재능을 알아본 다른 교수들이 학교 당국과 협의하여 가우디에게 병원이 아닌 기념분수대를 설계 과제물로 한 번 더 제출할 기회를 주었다. 재능이 없어서 졸업설계에서 낙방한 것이 아니었다. 독창적인 설계 방법을 포기하지 않고 끝까지 관철했기 때문에 친구들과 교수들에게 항상 공격을 받았던 터였다. 비록 만장일치는 아니었지만 최하위 성적으로 가우디는 마침내 건축사 자격증을 손에 쥘 수 있었다.

  졸업식 날 강당을 가득 메운 학생들과 교수들 앞에서 로젠 학장은 가우디를 향하여 이렇게 말했다. "제군들! 오늘 우리는 건축사 자격증을 천재에게, 아니면 바보에게 주는지 모르겠습니다." 순간 가우디는 강당에 모인 사람들의 따가운 시선을 받았다. 가우디는 자격증을 가슴에 안고 마음속으로 이렇게 다짐했다. '이제 나만의 독창적인 건축세계를 보여줄 때가 온 것 같다.'

  시대의 영웅들에게는 항상 경쟁자가 있었다. 경쟁은 항상 일의 본질을 생각하게 만들고 자신의 한계를 스스로 극복하게 자극하는 동반자이다. 르네상스 시대 피렌체의 산타 마리아 성당의 돔을 설계한 브루넬레스키에게도 평생의 경쟁자인 기베르티가 있었다. 공모전에서도 항상 경쟁자였으며 산타 마리아 성당의 돔을 건축하면서도 주도권을 잡기 위해서 피맺히는 경쟁을 치렀다.

가우디 역시 평생 이런 경쟁자들이 있었다. 건축대학 교수들과 동년배의 건축가들 중에서도 도메네치는 가우디의 평생 경쟁 상대였다. 두 사람은 서로에게 빛과 그늘이 되어주면서 서로를 자극하며 발전했다. 박식한 도메네치는 교수의 신분을 유지하며 건축가뿐만 아니라 출판 편집, 작가, 교수, 저명한 정치인으로 활약하여 마침내 바르셀로나 건축학교 학장의 자리까지 올랐다. 도메네치는 다양한 건축 양식을 체계적으로 해석하고 기존 양식에서 카탈루냐의 양식을 새로 정립하는 작업을 했다. 카탈루냐 음악당 역시 도메네치가 개발한 카탈루냐 모더니즘 양식으로 지은 대표적인 건축물이다.

스페인 건축 유산은 남쪽 안달루시아 지역의 이슬람 양식, 북쪽 로마네스크 양식과 고딕 양식으로 지어진 것이 대부분이라는 도메네치의 이론은 카탈루냐 모더니즘 양식의 발전에 큰 영향을 미쳤다. 그는 카탈루냐 문예부흥 운동에 건축 분야를 끌어들이는 데 기여한 장본인이었다. 다른 어떤 건축가보다 도메네치의 이론을 가장 많이 받아들인 사람이 그와 끊임없이 경쟁했던 가우디였다.

가우디는 이론보다 실제 건축물을 지으면서 독자적인 카탈루냐 건축 양식을 실현했다. 이론적인 체계를 세우지 않았지만 자신의 건축물과 공간속에 영원히 사라지지 않는 양식을 새겨두었다. 죽을 때까지 카탈루냐의 정체성을 살리려고 노력한 가우디의 이론은 경쟁자 도

• 가우디의 경쟁자 도메네치의 카사 예오 모레라.

메네치로부터 영향을 받았다. 인생에서 올바른 경쟁자를 찾는 일은 중요하다. 경쟁자는 비난과 미움의 대상이 되기도 하지만 때로는 서로를 자극하며 발전하는 정신적인 동반자가 되기도 한다.

==람블라스 거리의 가로등==

Antoni Gaudí

바르셀로나의 낭만

1878년 3월 가우디는 건축사 자격증을 손에 쥐고 고딕 지구인 산 하이메 광장과 가까운 칼 거리에 건축사무소를 열었다. 중세 장인들이 자신의 연장을 만들듯 거리의 주소가 들어간 명함과 푼티의 공방에서 손수 제작한 스틸 제도판이 그가 처음 디자인한 작품이었다. 아버지의 대장간에서부터 보고 배운 경험과 지식을 활용하여 뱀, 새, 다람쥐, 도마뱀, 기도하는 사마귀, 나비, 꿀벌, 덩굴손과 월계수 가지 등을 새겨 넣은 책상은 자연의 한 조각이었다. 이것은 훗날 가우디 건축의 모든 원리가 새겨진 가우디 건축 양식의 성서나 마찬가지였다.

금속은 가우디에게 너무나 익숙한 고향 같은 재료다. 아버지의 대장간과 바르셀로나의 공방에서 땀 흘리며 배운 산지식이다. 가우디는 졸업을 목전에 두고 1878년 파리 만국박람회에 쓰일 유리 전시장을 만

• 바르셀로나 시청사.

들었다. 가우디가 배운 모든 예술적 재료인 목공과 유리, 금속공예, 조각 등의 장식이 아름답게 조화를 이룬 유리 전시장은 당대 주철과 목공, 유리공예를 가장 잘 다루는 푼티 교수의 작업장에서 제작했다. 가우디의 모든 예술혼을 집약해놓은 이 작은 작품 하나가 가우디 인생을 통째로 바꿔놓을 줄은 아무도 몰랐다.

  어느 날 신사 한 명이 푼티의 작업장에서 열심히 작업에 매달리고 있는 가우디 앞에 다가섰다. 파리 만국박람회에 출품된 가우디의 유리 전시장에 반해 푼티의 작업장까지 찾아온 이 신사의 이름이 바로 그

유명한 구엘이다. 바르셀로나의 부와 명성을 한 손에 쥐고 있는 벽돌 회사 사장이자 무역업으로 크게 성공하여 남작 작위까지 받은 대단한 사업가가 초라한 가우디 앞에 나타난 것이다. 구엘은 가우디보다 여섯 살 위의 연장자이지만 자신의 사업 파트너를 한눈에 알아보았다. 작은 유리 전시장이었지만 그 속에 담긴 예술혼을 구엘은 느낄 수 있었다. 이후 가우디와 구엘은 평생 친구이자 동지가 되어 가우디 건축 인생의 든든한 버팀목이 되어주었다.

1878년 가우디는 바르셀로나 시의 가로등 제작을 의뢰받았다. 바르셀로나의 람블라스 거리(Las Ramblas)의 레이알 광장에는 가우디의 초기 작품인 가로등이 애환을 간직한 채 꿋꿋하게 서 있다. 우리 모두는 어쩌면 세상에서 가장 치열하고 고독한 여행자인지 모른다. 바르셀로나의 영혼들이 세상의 모퉁이를 살아가면서 조금이라도 덜 훼손된 영역을 찾아가려는 마음을 버리지 못하는 이유는 람블라스 거리가 있기 때문이다. 어쩌면 스페인에서 가장 아름다운 거리, 세상에서 가장 아름다운 거리를 가슴에 품을 수 있다는 것은 우리 모두의 로망이다. 마드리드에 마요르 광장이 있다면 바르셀로나에는 람블라스 거리가 있다. FC 바르셀로나가 리그에서 우승하면 광적인 팬들이 자축을 벌이며 행진하는 곳이 람블라스 거리다.

콜럼버스 동상을 정점으로 포세이돈의 지중해와 티비다보(Tibldabo 바르셀로나의 평원을 병풍처럼 둘러싸고 있는 산)가 서로 마주 보고 있는 곳이 람블라스 거리다. 라스 람블라스란 이름은 원래 그곳에 흐르던

실개천(아라비아어 raml)에서 따온 것으로 14세기까지 도시 성벽이 있었고, 16~18세기에 걸쳐서는 수도원과 왕궁 부속 건물들이 차지하고 있었다.

람블라스 거리를 걸어보지 못한 사람은 바르셀로나의 낭만을 느끼지 못한 사람이며, 세상 끝으로 향하는 길을 걸어보지 못한 사람이다. 도시의 모퉁이에서 정신적 위기를 내장처럼 드러내고 살아가는 도시의 영혼들이 다른 영혼들과 함께 길을 걸으며 고뇌를 청소하는 곳이 길과 광장이다. 길과 광장은 도시의 고해성사가 난장처럼 이루어지는 곳이다. 인간이 하느님의 창작물이라면 고장 난 영혼을 정비하는 곳이 길과 광장이다. 그 속에서 조각난 영혼들이 절규하며 세상의 바닥으로

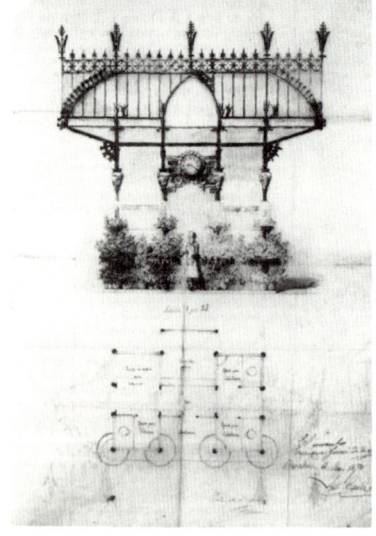

• 위 / 1878년 만국박람회를 위해 가우디가 제작한 유리 전시장.
• 아래 / 1878년 가우디가 엔리케에게 의뢰하여 작성한 꽃가게용 키오스크.

떨어졌다 다시 일어선다. 인간이 주인인 이런 거리를 우리도 하나쯤 품을 수 있었으면 하는 그런 희망이 머무는 레이알 광장에 가우디의 가로등이 서 있다.

가우디는 성가족 대성당의 건축 감독직을 중도에 물려받았던 것처럼 가로등 제작도 다른 사람이 하던 일을 도중에 물려받았다. 4개월이 걸려서야 가우디는 겨우 1:10의 축척으로 가로등 설계도면을 그리고 푼티의 도움으로 가로등의 모형을 제작했다. 그러나 바르셀로나 시 당국은 가우디가 생각한 금액의 7분의 1에도 못 미치는 금액을 제시했다. 가우디는 결국 조금 인상한 최종 금액을 받아들였지만 시공비에 턱없이 모자랐다.

레이알 광장에 가면 가우디의 가로등이 아직도 야자수 나무 사이로 꼿꼿하게 서 있다. 단정한 사각형 광장 주위의 19세기 신고전주의 양식 건축물들에는 식당과 카페, 선술집 등이 들어서 중앙 분수대를 바

• 보행자들의 천국, 람블라스 거리.

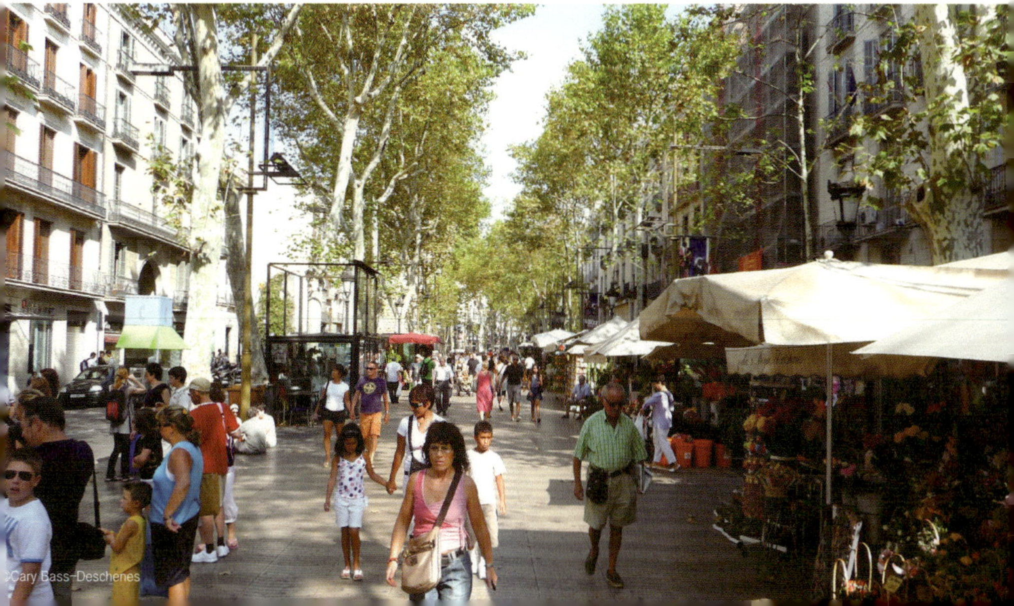
©Cary Bass-Deschenes

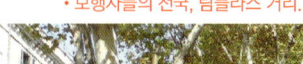

• 노천카페 문화가 살아 있는 람블라스 거리의 풍경.

라보고 있다. 대리석의 주춧돌 위에 여섯 개의 가지 장식이 달려 있는 가로등에는 수은주 덮개가 씌워져 있다. 가로등은 바르셀로나의 상징처럼 레이알 광장을 지키고 서 있다. 1990년대까지 마약과 매춘과 노숙자들의 천국이었으며 아직도 좀도둑이 위협하는 곳에서 가로등은 우아하고 또 외로이 밤을 밝히고 있다. 보수 문제로 심한 갈등을 겪은 가우디는 이후 시당국을 불신하며 더는 공공건축을 맡지 않았다.

구엘의 주선으로 가우디는 코미야스 후작의 예배당에 놓일 가구 디자인에 이어서 코미야스를 위해 원형 광장을 설계하기도 했다. 1881년 왕의 방문을 염두에 두고 후작은 코미야스 가를 빛낼 작품을 기대하고 있었다. 극장 무대처럼 보이는 원형광장의 아이디어는 천일야화에서 영감을 받아 터빈 형태로 디자인했다. 가우디의 초기 작품은 건축이 아니라 철물과 가구와 광장에 이르는 다양한 현장 제작물이다. 설계와 제작이 동시에 이루어지는 장인의 기술이 요구되는 설치 작품들은 하나같이 가우디의 실험정신의 발로였다.

가우디는 하는 일마다 최선을 다했지만 실제 완성된 작품보다 도중에 중단된 프로젝트가 더 많았다. 화가는 자신의 취향에 맞추어 작업을 시작하면 적어도 방해하는 사람은 없다. 누구와 의논할 필요도 일꾼의 도움을 받을 필요도 없다. 조각가도 자신의 생각대로 작업하는 과정에서는 누구의 간섭도 받지 않는다. 그러나 건축가는 언제나 주문자의 계약으로 작업이 시작되고 조수의 도움으로 작업하기 때문에 비용이 발생한다. 건축가의 상상력이 종이 위에 도면으로 남아 있을 때는 아직도 항구에 발이 묶인 배처럼 위험하지 않다.

그러나 파트너들과 구체적인 작업을 진행하는 순간 비용이 지출된다. 건축가가 생각하고 작업하는 시간만큼 비용이 발생하지만 건축주는 구체적인 결과가 노출되지 않으면 비용 지불을 꺼린다. 이것이 건축가의 최대 난관이다. 모든 건축가의 서랍 속에는 미완의 도면들이 아픈 잠을 자고 있다. 아이디어가 머릿속에 있을 때는 상상력이 건축

• 가우디의 애환이 담긴 철제 주물 가로등.

• 가로등과 야자수가 자연스럽게 공존하고 있는 레이알 광장. 오른쪽에 가우디의 가로등이 보인다.

가를 농락하지만, 일단 짓기 시작하면 건축물이 건축가의 인내심을 시험한다. 다양한 재료가 기술자의 손길에 질서정연하게 조립되기 위해서는 많은 스텝들의 도움과 인부들의 땀방울이 요구된다. 진시황의 병마총이 그러했고, 이집트의 피라미드가 그러했고, 로마의 콜로세움이 그러했듯이 수많은 사람들의 노동의 대가로 그 자리에 서 있다.

스페인은
가우디다

건축가가 상상력으로 그린 도면은 실제 건축물로 지어지는 과정에서 수많은 난관을 겪는다. 건축주의 자금 부족으로 공사가 중단되기도 하고, 천재지변으로 어제까지 짓고 있던 건축물이 허물어지기도 하고, 정책의 혼선으로 프로젝트가 사라지기도 한다.

가우디의 친구들도 하나같이 가우디에게 아이디어를 얻어가기만 하고 실제 작업 비용을 지불하지 않았다. 친구들은 가우디에게 수차례

조언만 받아갈 뿐 실제 작업을 맡기지는 않았다. 이에 가우디는 화를 내며 이렇게 말했다. "자네도 알다시피 나는 일로 먹고 살아가는 사람이네. 난 지금 엉성한 말장난 같은 일에 신경을 쓸 여유가 없어." 가우디가 바르셀로나의 존경을 받는 건축가로 성장하기까지 작은 가로등 제작과 철대문과 가구와 장식품과 퍼포먼스 무대를 만들며 수많은 시련과 좌절을 겪었다.

==가우디의 사랑과 미완의 건축==-----

Antoni Gaudí

마타로 노동자단지

◎

　가우디는 학창 시절 친구인 호아킨의 소개로 마타로 협동조합회장인 살바도르 파헤스를 만나게 되었다. 그 인연으로 가우디는 마타로 노동자단지의 공사를 맡게 되었다. 바르셀로나의 북쪽에 위치한 마타로 노동자단지는 스페인 초기 산업단지의 모델로 새롭게 부상하고 있었다. 파헤스는 노동자단지를 건설함으로써 새로운 시대를 열어갈 수 있다고 믿었다.

　가우디는 누구보다도 노동자의 마음을 잘 알고 있었다. 가우디는 일평생 가난한 자의 집과 부자의 집을 오가며 작업했지만 단 한 번도 공간의 본질을 놓친 적이 없다. 노동자단지의 작업은 새로운 시대의 유토피아를 건설하는 도전이며 가우디의 일관적 콘셉트를 구현하는 실험이었다. 가우디는 조화롭게 일하는 꿀벌의 모양을 따서 노동조합의 상징으로 표현했다. 휴지통의 디자인에서부터 단지의 구석구석 작은 장식에 이르기까지 노동조합의 이미지를 일관성 있게 관철시켰다.

가우디에게 노동자단지는 협동조합 공동체의 철학을 공유하는 실험이었다. 모든 노동자가 평등하다는 원칙과 경제적인 삶을 실천하는 집단이 노동조합이다. 가우디는 노동조합의 공공성을 예수를 수행하는 12제자들처럼 12개의 포물선 아치의 지붕으로 공간을 표현했다. 포물선 아치가 다양한 생각을 하는 사람들의 이상을 하나로 모으는 장치이자 모든 조합원이 한마음으로 지지해야 하는 이상이 되리라 믿었다. 뻗어나가는 아치 선을 따라 지붕의 하중이 골고루 분배되며 포물선 아치가 만들어내는 자유로운 분위기는 전체 공간을 일관되게 지배한다. 구조와 질서로 개념을 시각적이고 논리적으로 담지 못하는 건축 공간은 죽은 공간이다. 마치 이야기의 플롯을 구성해나가듯이 가우디는 그 공간속에 살아가는 사람의 일상과 이상을 실현할 수 있는 건축공간에 공동체의 정신을 담았다.

마타로 노동자단지 건설에 바쁜 어느 날 한 여인이 가우디의 가슴을 훔치고 말았다. 가우디의 가슴에 큐피드 화살을 쏘고 달아난 그 여인은 마타로 노동자단지 내에 있는 학교 교사였다. 페페타란 별명을 가진 아가씨는 가우디 숙소 가까이 살고 있었다. 사랑의 열기를 식히지 못한 가우디의 가슴은 용암처럼 끓어올랐다.

건축 현장에서는 열정적이고 과격한 가우디지만 사랑 앞에서는 한없이 소극적인 겁쟁이에 불과했다. 사랑은 누구나 원시적인 인간의 본

- 왼쪽 / 박공 지붕의 입면에 아치 구조가 눈에 띄는 마타로 노동자단지.
- 오른쪽 / 공간의 개념과 구조의 일치를 보여주는 마타로 노동자단지 내부 공간.

심으로 돌아가게 만드는 법이다. 바람 앞에 촛불처럼 일렁이는 가우디의 사랑은 오로지 페페타 한 사람을 위해 타고 있었다. 무심한 세월의 지우개가 지워버렸던 가족애가 페페타의 사랑 안에서 피어올랐다.

마타로 단지의 공사가 끝을 향하여 달려갈 때까지 가우디의 짝사랑은 태양을 향하여 날지 못했다. 단지 구경을 하고 싶다는 페페타의 청을 받았을 때 단지 공사는 거의 종차역을 향하고 있었다. 사랑의 제기 태산처럼 쌓여 고백의 창문을 가리고 있을 즈음, 가우디에게 기회가 왔다.

가우디의 가슴을 훔친 페페타는 당시 가톨릭 사회에서 흔하지 않은 이혼녀였지만 활달한 성격으로 당당하게 살아가고 있었다. 그동안 마음속으로 가우디는 수만 번 사랑의 집을 지었다 허물었다. 그동안 접어두었던 외로움에 대한 보상이라도 받는 것처럼 불안한 행복의 포로가 되었다. 단지의 전경이 한눈에 내려다보이는 정원에 도착했을 때, 가우디는 가슴속 깊이 꼭꼭 숨겨놓은 사랑을 조심스럽게 끄집어내었다. 페페타의 바다 같은 눈동자 속에 가우디의 영혼이 안기는 순간 가우디의 무거운 입술이 사랑을 노래했다. "페페타! 페페타! 당신을 사랑합니다."

가우디의 고백은 두 사람의 가슴에 사랑의 자국을 깊게 아로새겼다. 거대한 용암이 분출하듯 가슴에 끓고 있던 사랑이 일시에 분출했다. 긴 시간의 침묵을 삭이고 삭여서 뱉어낸 이 한마디는 영혼의 메아리가 되었다. 가우디를 향한 페페타의 눈길은 천천히 포물선을 그리며 석양의 꼬리를 따라 조용히 기울었다. 가우디의 얼굴은 홍당무처럼 달아올랐고 가슴은 숯덩이처럼 타들어가고 있었지만 그녀는 침묵을 지키다가 겨우 입을 열었다. "미안해요 건축가 선생님. 저는 이미 결혼을 약속한 사람이 있어요."

순간 세상으로 열린 창문을 모조리 암흑의 그림자가 덮어버렸다. 가우디의 사랑은 순식간에 거친 바다의 파도처럼 산산이 포말로 부서졌다. 가우디의 사랑이 그렇게 지고 말았

• 꿀벌의 이미지를 마타로 노동자 공동체 상징으로 디자인한 가우디의 그림.

• 복원된 마타로 노동자단지.

다. 페페타는 이미 촉망받는 재력가와 결혼을 앞두고 있었다. 비밀스럽게 간직해두었던 가우디의 꿈이 날아가버리는 순간 그동안 수없이 짓다 허물어버린 사랑의 집마저 바람결에 무너져버렸다. 돌아서는 페페타의 뒷모습을 따라가던 가우디의 사랑은 아침 이슬처럼 녹아내렸다.

이후에도 가우디는 다른 사랑에 빠졌지만 그녀 역시 가우디를 혼자 남겨두고 떠나가버렸다. 하느님은 가우디의 사랑을 한 여인에게 온전히 바치는 것을 허락하지 않았다. 가우디는 가슴에 닻을 내린 뜨거운 열정을 영원히 바르셀로나 공동체를 위해 오롯이 헌신했다. 가우디의 사랑은 그의 미완의 건축처럼 열정의 아픈 상처를 품은 채로 남았다.

젊은 시절 반 교권주의에서 벗어나 영적인 순례의 길을 걷기 시작한 가우디를 하느님 앞으로 이끈 이는 진실한 사랑이었다. 그러나 신은 가우디에게 모든 것을 허락하지 않았다. 가우디의 가슴은 오로지 건축에만 초점을 모았다. 가우디는 일생 동안 아내와 아들딸이 있는 타인의 가정을 만들어주기 위해 거친 손을 하느님에게 헌납했다. 가우디의 건축물은 하나같이 여인의 실루엣처럼 아름다운 곡선으로 사랑의 공간을 감싸 안았다.

투박한 스케치에서 시작된 성가족 대성당

Antoni Gaudí

31살,
애송이 건축가의
도전

　성 요셉 영성회 소속 마르토렐 기술 고문과 공사감독인 건축가 비야르 사이의 불화로 성가족 대성당 지하제실 공사가 멈추었다. 지하 납골당의 대들보에 어떤 재료를 사용할 것인가에 대한 사소한 이견을 좁히지 못하고 비야르는 공사감독 자리에서 물러났다. 영성회 대표인 보카베야는 고민 끝에 마르토렐의 작업실에서 만난 푸른 눈동자의 젊은 건축가를 떠올렸다. 성가족 대성당의 운명이 가우디 쪽으로 기울기 시작했다.

　선배 건축가 비야르가 무보수로 작업을 진행하다 그만둔 성가족 대성당 공사감독직을 맡기에는 약관 31살의 가우디는 너무 어렸다. 그러나 가우디는 보수보다 몇 배 더 큰 소망과 신념의 창으로 성가족 대성당을 바라보았다. 모든 사람들의 우려에 아랑곳하지 않고 당당히 그

불안의 중심으로 거침없이 걸어간 가우디는 헤라클레스의 열정으로 희망을 손에 쥐었다. 가우디는 사람이 적게 간 길을 택했다. 그리고 성가족 대성당 때문에 가우디 인생은 달라졌다. 약관의 나이에 선택한 그 길은 평생 가우디에게 용기와 인내와 열정을 요구했다. 그는 인생의 마지막 10년을 다른 모든 작업을 그만두고 오롯이 성가족 대성당 공사에만 봉헌했다. 그는 죽음의 문턱까지 자신이 좋아하는 일, 가장 잘할 수 있는 일에 봉헌하는 수도사의 열정으로 마지막 남은 투혼까지 모두 불태웠다.

위기의 순간 지휘봉을 건네받은 31살의 젊은 건축가는 본능적으로 악보(설계도면)와 악단(현장과 시공자)을 분석하기 시작했다. 지하제실의 뚜껑이 닫힌 상태에서 공사감독직을 넘겨받은 가우디는 기존 도면을 재검토했다. 일반적으로 지하층은 건물을 보조하는 기능만 갖고 있지만, 구조적으로는 대지와 결속되는 기초 부분이다. 지상층 기능과 구조를 바꾸려면 지하층 구조부터 재시공해야 했다.

1891년 3월 투박한 외모의 가우디가 단상을 향하여 천천히 발걸음을 옮기고 있었다. 건축가의 위엄이라곤 강렬하게 빛나는 푸른 눈빛이 전부였다. 성 요셉 영성회 회원들을 향하여 새로운 교회의 구상을 설명하기 위해 단상에 선 가우디는 저고리 안주머니 속에서 스케치 한 장을 꺼내 들었다. 손에 잡은 그림은 고작해야 버섯 모양의 탑들이 하늘을 향하여 삐죽삐죽 솟아 있는 투박한 스케치 한 장이었다. 스케치는 지금까지 한 번도 보지 못한 건물의 형상을 묘사하는 어지러운 선

1905년

1915년

1925년

- 위 / 허허벌판에 세워지고 있는 성가족 대성당.
- 가운데 / 영성회 소속회원들에 둘러싸여 성가족 대성당을 설명하는 가우디.
- 아래 / 가우디 생전, 탄생의 파사드만이 홀로 바르셀로나 하늘을 찌르고 있다.

들로 엉켜 있었다.

가우디는 마치 사진을 보고 설명하듯 새로 지을 성가족 대성당의 구조와 평면 구성과 외벽면의 장식과 지붕의 탑에 이르기까지 자신의 구상을 완벽하게 설명했다. 거칠고 투박한 스케치는 그 자체로는 그림에 불과할 뿐 그 속에 내재한 건축가의 상상력은 가늠하기 힘들었다. 모든 건물의 구조와 디테일과 형태는 낙서처럼 혼돈스러운 스케치 속에서 태어난다. 상상력의 씨줄과 날줄이 종이 위에 그림을 그리며 스토리를 품고 있는 생명이 스케치다.

가우디가 손에 쥔 스케치 한 장은 앞으로 지어질 대성당의 규모와 구조와 공간의 방향을 지시하고 있는 지도였다. 이전 계획을 전면적으로 수정하기 위한 무시무시한 작전지도치고는 초라했다. 바르셀로나 시민 13,000명이 들어갈 수 있는 제단과 예배 공간을 세우는 것은 어쩌면 무모한 도전이다. 새로운 평면도조차 완성하지 않는 상태로 앞으로 지을 공간을 설명하는 가우디는 확신에 찬 돈키호테였다.

"십자형으로 다섯 개의 복도와 바실리카 양식의 큰 회랑 세 개를 만들 것입니다. 마요르카 거리에 면한 남쪽 정면에는 세 개의 정문을 통과하여 다섯 개의 회랑과 연결되는 다섯 개의 입구를 낼 것입니다. 그리고 동, 서측면의 입구에는 다섯 개의 회랑과 연결되는 세 개의 입구를 만들 것입니다. 북쪽 후원 주위는 입구를 설치하지 않고 제단을 둘러싼 외벽은 지하제실 외벽과 이어질 것입니다."

확신에 찬 그의 목소리는 엉성한 스케치 한 장에 뿌리를 내린 치밀한 상상력의 스토리를 이야기했다. 가우디는 처음부터 선배 비야르의 도면으로 대성당을 지을 생각이 추호도 없었다. 비야르의 도면은 대성당 중앙에 거대한 탑이 우뚝 솟아 있는 중세 고딕 양식의 반복이었지만 가우디는 자신만의 독자적인 양식을 개척하고 싶었다. 동, 서, 남 각각의 정문에 12사도를 표현하는 4개의 탑을 세워 대성당을 도시의 열린 돌의 성서로 만들었다.

성당의 평면과 구조를 설명하는 그는 마치 31살 예수가 복음을 전하듯이 구체적인 확신에 차 있었다. 교회 내부 회중석의 평면 교차점의 상부 돔 주위에도 역시 네 명의 복음 기록인을 나타내는 4개의 탑을 세우기로 했다. 그리고 북쪽 제단 상부에도 중간 규모의 높이로 성모마리아에게 바치는 탑을 세우기로 했다. 또한 중앙 돔 상부 정상에는 예수 그리스도를 상징하는 십자가를 세워 교회의 중심을 강조했다.

동쪽에 세울 외벽에는 예수의 삶을 설명하는 예수 탄생, 유년기, 청년기를 기념하는 상징물을 설치할 것이다. 외벽에는 타원형 아치 세 개를 설치하고 각각 출입구를 만들 것이다. 중앙 출입구 상부에는 이 세상에 신이 나타나신 것을 상징하는 조각을 세울 것이다. 3인의 성가족 주위에는 음악을 연주하는 천사들이 둘러싸게 될 것이었다. 입구 부분에는 동방박사의 예배와 목동들의 예비히는 모습을 표현되고, 양쪽 입구에는 성모 마리아와 요셉, 예수의 유년기 장면이 배치되며, 상부에는 성가족 생애와 광명을 상징하는 조각이 놓일 것이다. 세 개의 입구 꼭대기 부분에는 신앙과 희망, 그리고 사랑을 의미하는 상징물이 장식될 것이다.

• 가우디 스케치. 기하학의 질서가 한눈에 드러나 있다.

가우디는 마치 다 지은 성당을 보고 있는 것처럼 확신에 찬 음성으로 대성당의 구조와 형태를 설명했다. 가우디는 선배 건축가의 도면을 던져버리고 자신의 영감에 따라 창조적인 공간을 설계했다. 처음부터 영혼이 인도하는 위험한 길로 걸어갔다. 그것 때문에 성가족 대성당의 역사는 달라졌다.

가우디의 창조적 영감이 앞으로 얼마나 긴 시간 동안 시간의 강을 건너야 하는지 그날 성가족 대성당 지하제실에 모인 영성회 조합원들은 짐작조차 하지 못했다. 그날 가우디의 연설은 남을 설득하기 전에 자신부터 완벽하게 설득시키고 있었다. 앞으로 몇 세기에 걸쳐 대성당 공사가 진행될지 그것은 중요하지 않았다. 최초의 한 사람, 가우디의 가슴에 자리 잡은 그 확신보다 더 중요한 것은 없다. 그것은 신념으로 무장된 가우디만의 꿈이었다. 성가족 대성당은 가우디 서거 100주년이 되는 2026년에 준공하겠다는 조심스런 전망을 내놓고 있을 뿐이다. 이제 성가족 대성당의 완성 시기는 중요치 않다. 중요한 것은 대성당의 평면과 구조와 형태와 디테일은 모두 30대 초반 애송이 건축가 시절에 가우디가 완성해놓은 것이며 현재 지어지고 있는 대성당의 공사의 모든 구조와 디테일은 가우디 상상력이 빚어놓은 선물이라는 점이다.

그는 죽어서도 여전히 성가족 대성당의 지하제실에 누워 대성당의 공사를 지휘하고 있다. 그의 이름을 떠올리는 사람들은 누구나 성가족 대성당을 기억하고 있다. 그러나 그 위대한 기념비가 31살 가우디의 투박한 영감에서 시작했다는 것까지 기억하는 사람은 많지 않다.

가우디는 우후죽순처럼 생겨난 문화단체에 가입하며 바르셀로나 문화계의 주요인사로 떠올랐다. 가우디는 카탈루냐 과학유람협회와 라이벌이라 할 수 있는 카탈루냐 유람협회에 모두 가입했다. 유람협회는 모두 과거 카탈루냐의 영화를 재발견하기 위한 정치적인 목적의 단체로 카탈루냐 중심주의의 부활과 지역주의에 편승했다.

바르셀로나의 촉망받는 젊은 건축가로 부상한 가우디는 자연스럽게 바르셀로나 문화계 인사들의 중심으로 편입되었다. 유람협회의 주된 활동은 여행과 견학이었다. 지역 문화계의 유지들과 교제하는 것은 건축가에게 필연적인 활동이다. 일거리들의 대부분은 명망 있는 인사

• 탄생의 파사드 첨탑이 올라가는 장면.

들의 네트워크로 이루어진다. 중세 카탈루냐 유적 답사를 통하여 협회 회원들은 카탈루냐 유적의 문화제 복원 문제를 지방행정관과 사제들에게 끝없이 제기했다.

유람협회 회원 중에서 유일한 건축가였던 가우디의 역할은 유적의 복원과 보수에 관한 보고서를 만드는 일이었다. 가우디는 이미 청소년 시절 친구들과 타라고나 유적지 복원 계획을 위해 수립한 경험이 있었다. 포블레트와 타라고나를 비롯해 바르셀로나에 흩어져 있는 문화유적에서 가우디는 타라고나 중심의 카탈루냐 로마 유적이 스페인에서 단연 최고라는 사실을 다시 한 번 확인했다. 카탈루냐 민족주의에서 출발한 유람 여행은 서서히 가우디의 관심 밖으로 밀려났다. 수없이 이루어지는 답사 여행에서 얻은 결론은 세상 어디의 건축물보다 카탈루냐에 지어진 건축물이 뛰어나다는 것이다. 가우디는 카탈루냐 외부에서 카탈루냐의 정체성을 찾아나가는 일이 시간 낭비라고 생각하기에 이르렀다. 마침내 가우디는 카탈루냐 중심의 민족주의, 지역주의를 자신만의 건축의 주제로 삼았다. 가우디에게 더 이상의 외국 여행은 필요하지 않았다.

비올레의 책과 경쟁자인 도메네치의 비평이론을 통하여 가우디는 고딕 건축, 로마네스코 건축과 이슬람의 무데하르 양식을 융합하여 진정한 카탈루냐 양식을 복원했다. 가우디는 언제나 흔들렸지만 곧바로 중심을 잡고 누구도 가지 않은 길을 걸어갔기 때문에 인생을 바꿨다. 친구들이 왜 여행을 하지 않느냐고 물을 때마다 가우디는 버럭 화를 내며 이렇게 말했다. "왜요? 여행을 해야 할 사람은 외국인이오. 그들이 우리 땅을 보러 와야 합니다." 디자인을 하는 사람에게 가장 중요한 것은 자신이 가장 잘 알 수 있는 조국의 문화를 제대로 인식하는 것이다. 디자인의 생명은 결국 자신의 문화 뿌리에서 나오는 독자적인 철학이다. 건축가는 결국 자신만의 굳건한 철학의 대지 위에 집을 짓는 작가다.

19세기 후반 스페인 제국주의 시대가 기울고 바르셀로나는 변화와 혼돈의 시대로 진입했다. 1898년 미·서 전쟁의 패배로 스페인은 그나마 가지고 있던 쿠바를 비롯한 식민지들을 모두 미국에 넘겨주고 암울한 20세기의 문 앞에서 서성이고 있었다. 19세기 말 근대산업문명의 불길은 프랑스와 인접한 바르셀로나를 과거 봉건주의 가톨릭 전통으

• 람블라스 거리와 그라시아 거리가 교차하는 카탈루냐 광장. 다양한 퍼포먼스가 펼쳐지는 카탈루냐 광장은 구시가지와 신시가지의 접점에 위치하고 있다.

• 노란색과 붉은색 줄이 선명하게 대비되는 카탈루냐 자치정부 깃발.

로부터 이탈하게 부추겼다. 당시 이베리아 반도는 귀족 세력과 야합한 가톨릭 집단의 낡은 전통 아래서 깊은 잠을 자고 있었지만 바르셀로나만은 천천히 깨어나고 있었다. 지금도 마드리드 시민보다 바르셀로나 시민들이 영어를 더 잘한다. 그들은 스페인 공용어와 카탈루냐 지역 언어에 영어까지 구사하는 민족이다. 그런 연유로 바르셀로나를 중심으로 하는 카탈루냐 산업 지역을 중심으로 노동운동이 점차 활성화되었다.

신대륙 발견과 산업혁명의 최대 수혜자인 바르셀로나는 수많은 노동자들을 불러 모았으며 새로운 시대의 문화 욕구로 꿈틀거렸다. 새로운 시대 욕구는 중세의 깊은 잠을 자고 있는 가톨릭 문화를 깨어나게 만들었다. 급격한 산업화가 신과 인간의 거리를 멀게 한다고 믿었던 괴짜 서적상 보카베아는 대성당을 지어 바르셀로나의 시민들을 영적인 삶으로 인도해야 한다고 생각했다. 그는 성 요셉 영성회를 만들어 수년 동안 모금 활동을 벌여 성가족 대성당의 신축 기금을 마련했다. 산업화로 바르셀로나의 인구가 팽창하면서 구시가지인 고딕 지구와 리베라 지역만으로는 역부족이었다. 구시가지 외곽 지역으로 바둑판처럼 질서정연한 신시가지가 개발되었다. 도시개발지구 중심에 새로운 시대를 밝혀줄 영성의 심장, 성가족 대성당을 짓기로 했다.

31살 가우디는 바르셀로나 민중들의 영원한 쉼터로서 성가족 대성당을 짓기로 했다. 디자인을 다시 하고, 모금하고, 기술자를 모으고, 교회 관계자와 싸우며 고난의 대성당 공사를 진행하는 길을 온전히 자신의 삶으로 끌어안았다. 위대한 인물은 언제나 혼란한 시대에 바람처럼

• 바르셀로나 워터프론터와 바르셀로나 시가지가 한눈에 보인다.

나타나 평범한 사람들이 제대로 보지 못하는 새로운 길을 대중들에게 제시한다.

지지부진한 모금 속도 때문에 대성당 공사는 절뚝거리며 가우디의 일생을 횡단했지만 그는 한순간도 자신의 꿈을 내려놓은 적이 없다. 세상 모든 위대한 일의 시작처럼 성가족 대성당 공사도 처음에는 미미하게 출발했지만 위대한 영혼의 열정으로 쉼 없이 계속되고 있다. 시간을 견디며 민중의 삶을 개선시키기 위해 평생을 교회 공사에 헌신한 가우디보다 더 위대한 삶을 살다 간 건축가는 없다.

• 카탈루냐 국립 미술관

아름다운 표면은 무서운 깊이를 간직하고 있다.
 － 니체

3

카사 비센스부터 구엘 공원까지

◎

가우디, 명성을 떨치다

첫사랑, 카사 비센스
Casa Vicens

Antoni Gaudí

> 직선은
> 인간의 선이며,
> 곡선은
> 신의 선이다

    가우디의 열정을 받아줄 만큼 대성당 공사는 호락호락하지 않았다. 19세기말의 불안한 사회 상황이 모금 활동을 더디게 만들었다. 겨우 작업 흉내만 내면서 진행하던 공사조차 중지되기를 밥 먹듯 했다. 건축가에게 가장 고통스러운 순간은 작업 현장이 기약도 없이 멈춰 서버리는 것이다.

    그때 가우디에게 새로운 일거리가 들어왔다. 1878년 의뢰받았던 카사 비센스의 주택 작업이 5년간의 긴 잠에서 깨어났다. 건축주는 타일 공장을 운영하는 마누엘 비센스였다. 가우디의 심장을 다시 뛰게 한 첫 프로젝트 카사 비센스는 첫사랑, 새색시, 첫 아들, 신입생처럼 설렘의 흥분을 갖게 했다. 가우디는 그동안 쌓아놓은 모든 실력과 열정을 기꺼이 쏟아부을 준비가 되어 있었다.

• 템피에토식 돔 전망대가 대칭성과 수직성을 강조하고 있다. 카사 비센스 전경.

대지는 성가족 대성당에서 북서쪽으로 구엘 공원과 가까운 위치에 있었다. 구엘 공원 정문에서 서측을 따라 가르시아 거리를 따라 내려가면 나오는 카롤리나스 거리 중간에 카사 비센스가 수줍게 숨어 있다. 가우디는 젊었다. 성가족 대성당 작업을 하면서 카사 비센스 주택 작업을 병행하는 데 아무런 문제가 없었다.

카롤리나스 거리를 지키고 있는 카사 비센스의 분위기는 이색적이었다. 현재 카롤리나스 거리는 확장 공사를 거친 상태의 신작로이지만, 가우디가 공사를 시작할 즈음에는 아주 작은 산책길에 불과했다. 대지를 처음 방문했을 때, 노란 꽃으로 둘러싸여 있는 야자수 나무의 무성한 잎들 사이로 새들이 벌레를 잡아먹으며 아름답게 지저귀고 있었다. 노란 꽃으로 둘러싸인 울타리와 새들이 지저귀는 야자수 나무는 자연이 주는 영감 그 자체였다.

새들이 지저귀는 야자나무가 상상력을 타고 대들보를 지탱하는 기둥으로 바뀌었다. 기둥에는 나뭇가지와 카네이션을 그려 넣었다. 벽의 그늘진 구석엔 '오! 여름의 그늘'이란 글귀를 새겨 넣고, 해가 돋는 남동쪽으로 향한 벽엔 '태양! 사랑스런 태양이여. 나를 보러 오세요. 나는 추워요'라는 시적인 글로 대지의 아침을 노래했다. 가우디는 대지의 과거와 현재와 미래가 공존하는 영감을 건물공간에 불어넣고 싶었다. 건물의 외벽에는 노란 꽃이 만발한 대지와 야자수가 무성한 숲의 이미지를 옮겨놓았다. 화려한 문양의 타일은 노란 꽃의 이미지로, 야자수는 돌출 설교대(트리뷴 tribune, 5-6세기 성당 발코니에서 유래하여 13세기 이후 왕후의 자리로 주로 불리던 돌출된 2층 부분)로 화려한 무데하르 양식의 숲을 조각했다.

　카사 비센스는 1925년 건축가 마르티네스에 의해 증개축되었지만 가우디의 초기 디자인은 대부분 그대로 살아 있다. 최신 유행의 비싼 타일을 마음껏 사용하여 주택을 지어볼 수 있는 것은 행운이었다. 가우디에게는 대지의 이미지를 살리는 것과 타일을 선전하는 두 가지 목적을 완벽하게 융합했다. 건축주의 개성을 돋보이게 재료를 사용한 가우디의 천재성은 정원까지 이어졌다. 훌륭한 건축가일수록 일관성 있는 개념으로 건물 형태, 내부 공간, 작은 디테일을 정원과 담장과 문 손잡이에 이르기까지 연속적인 스토리로 공간을 엮어나간다. 정원엔 아담한 전망대와 분수를 따로 만들고 그중 하나를 스탠드 발코니에 연결했다. 벽돌로 만든 정교한 폭포는 아치 위 층계에 선 방문자에게 뜻밖의 전망을 선사했다.

　노란 꽃무늬 타일을 사용하여 대지의 원래 풍경을 느낄 수 있도록 벽을 형상화하고, 녹색과 흰색 타일을 겸용하여 나무의 모양을 만들었다. 이것은 도메네치의 카탈루냐 음악당(Palau de la Musica Catalana)에서 나타나는 형형색색의 타일 모자이크와 닮았다. 아마 두 사람은 이슬람 양식과 고딕 그리고 로마네스크 양식으로 재해석하여 현대 건축에 적용할 수 있다고 생각한 것 같다. 가우디는 바르셀로나 지역주의 건축을 실현하기 위해 스페인 전통 건축을 정리한 적이 있었다. 카사 비센스는 카탈루냐식 무데하르 양식의 재현이었다. 무데하르 양식의 기하학적인 모티프를 활용하여 대지의 이미지를 조각한 카사 비센스

• 위 / 종려나무 잎사귀 문양의 주철제 대문과 담장.
• 아래 / 카사 비센스의 외벽 장식 디테일.

스페인은
가우디다

는 가우디만의 절충 양식을 선보인 첫 번째 작품이었다. 현기증이 날 만큼 독창적으로 내어쌓은 돌출 외벽은 야자수의 울창한 가지를 추상적으로 표현한 것이었다.

　반지하, 1층, 2층 그리고 다락방으로 구성되어 있는 카사 비센스는 이미지와 기능이 교묘하게 조합되어 있다. 반지하에는 부엌과 관리인 숙소, 1층에는 현관, 홀, 식당, 흡연실, 방 2개, 계단이 있다. 2층에는 침실을 만들었다. 15센티미터 크기의 장식용 타일을 사용하여 건물의 외관을 요정의 숲으로 형상화했다. 아프리카 금잔화가 그려진 타일로 담장을 장식하여 노란 꽃들로 수놓았던 대지의 추억을 담장 위에 옮겨놓았다. 해바라기 모티프와 종려 나뭇잎 문양이 조화를 이룬 철책은 도시와 전원을 이어주는 상상력의 다리가 되었다. 정교한 야자수 무늬의 철제 대문의 장식은 아버지의 대장간에서 주로 다루었던 카탈루냐 전통 장식의 맥을 잇고 있다.

　도로 확장으로 건물의 일부가 잘려 나가고 증축되는 과정에서 초기 디자인은 많이 훼손되었지만 대지의 노스텔지어(nostalgia)는 건물 공간에 진하게 남아 있다. 인생은 되돌릴 수 없지만 추억은 언제나 되감을 수 있음을 카사 비센스가 증명하고 있다.

　상상력은 화려한 외부 공간에 머물지 않고 건물 내부 공간까지 침

- 위 왼쪽 / 템피에토식 돔.
- 위 왼쪽 / 무데하르풍의 창과 발코니와 다양한 타일 문양.
- 아래 왼쪽 / 발코니 디테일.
- 아래 왼쪽 / 종려나무 잎사귀 문양의 주철제 대문 장식 디테일.

투했다. 가우디는 실내 공간을 이국적으로 꾸며 그 공간에서 살아가는 건축주가 여행을 하듯 매일 새로운 경험을 할 수 있게끔 했다. 식당 천장 대들보 사이 공간에 밝게 도드라진 붉은 앵두와 잎을 무성하게 그려 넣었다. 보 위의 장식 벽인 프리즈까지 남겨두지 않고 덩굴손과 낙엽 위로 하늘을 나는 새들로 가득 채웠다.

가우디는 알람브라 궁전의 몽환적인 천장 조각 장식을 자신만의 방식으로 카사 비센스 안으로 옮겨놓았다. 석고 누드상에서 각종 동식물에 이르기까지 정교한 조각과 장식에 정성을 쏟았다. 건물 모서리엔 이슬람 사원 첨탑 모양의 창문을 만들었다. 창문 위엔 도무지 어울리지 않을 것 같은 테라코타로 천사상까지 만들었다. 카사 비센스는 가우디만의 완벽한 절충 양식의 실험이다.

당시 아랍식 흡연실은 스페인 신흥 부유층의 상징처럼 여겼다. 왕실마저도 마드리드 남쪽 아란훼스 여름왕궁의 흡연실을 알람브라의 눈부신 천장 장식을 그대로 모방해 지었다. 그러나 가우디는 자신만의 공법과 제작으로 종유석 모양의 도드라진 알람브라 궁전의 모카라베스 장식을 자신만의 독창적인 양식으로 재현했다.

그는 처녀작인 카사 비센스에 천재적인 재능을 아낌없이 쏟아부었다. 다소 지나친 장식으로 젊음의 치기가 느껴지기도 하지만 그것은 거대한 스토리의 일부분에 지나지 않았다. 첫사랑은 너무 순수하고 뜨거워서 실패하는 경우가 대부분이지만 가우디는 시간과 공간을 초월하여 정성과 열정을 불어넣으며 자신의 한계를 극복했다. 전체적으로 사각형이 돌출된 평면 형태지만 각각의 모서리에 전망대와 돌출 난간을 설치해 시각적으로 곡선의 이미지를 부각했다. 이것은 곡선의 리듬으로 이행하기 전 단조로운 평면을 용의주도하게 타파하려는 의지의 실험이었다.

가우디의 명언 "직선은 인간의 선이며, 곡선은 신의 선이다"처럼 카사 비센스는 직선과 곡선의 중간 지점에 있는 너무나 인간적인 가우디의 처녀작이다.

코미야스의 엘 카프리쵸
EL Capricho

건축가로서
이름을 알리다

◎ 카사 비센스를 지은 이후 가우디는 바르셀로나의 촉망받는 건축가로 성장했다. 실물의 건축물보다 더 정확하게 건축가의 능력을 평가할 수 있는 도구는 없다. 카사 비센스는 그동안 말만 무성하던 가우디의 철학과 재능과 열정을 한눈에 살펴볼 수 있는 모델하우스였다.

카사 비센스 하나로 성가족 대성당 건축가로서의 자질을 입증받은 것은 물론이고 더 이상 일을 기다리지 않아도 될 정도로 유명해졌다. 카사 비센스에 이어 스페인 북부 칸타브리아 자치구에 속한 작은 소도시 코미야스에서 일거리가 들어왔다. 비스케 만을 바라보고 있는 구릉지인 소브레야노 경사지에 위치한 대지에 엘 카프리쵸라 불리는 별장을 주문받았다. 엘 카프리쵸는 스페인어로 변덕이라는 뜻이다. 독신자를 위한 주택으로 1883년부터 1885년에 걸쳐 코미야스에 건축되었다.

• 북측에서 바라본 엘 카프리쵸.

　코미야스 가문의 여름 별장인 엘 카프리쵸는 코미야스 후작의 친구이자 그와 함께 쿠바에서 재산을 모은 독신자 막시모 데이아스 데 키하노를 위한 이색적인 별장이었다. 기록에 의하면 바쁜 가우디는 현장에 가볼 시간조차 낼 수 없어서 공방 친구이자 시공자인 카스칸데에게 모형과 도면을 전하고 공사일체를 맡겼다고 전해진다. 하지만 엘 카프리쵸의 화려한 디테일을 고려할 때 가우디의 감독 없이 완벽하게 실현된 것은 믿기 어려운 일이다.
　비스케 만 해안 쪽으로 경사진 대지는 폭이 좁고 길어서 일조 조건이 나빠 별장을 세우기에는 적당한 장소가 아니었다. 남쪽에는 산이 언덕처럼 가로막고 있어서 저택을 짓기에도 적당하지 않았다. 산허리

• 현관 쪽으로 바라본 엘 카프리쵸.

를 잘라내고 대지를 수평으로 만들고 집을 지을 수도 있지만 가우디는 전망과 방향이라는 두 마리 토끼를 잡기위해 특별한 디자인을 제안했다. 엘 카프리쵸의 독창성은 평면과 단면 설계를 일반 건물과 다르게 전개하여 대지의 제약을 장점으로 극대화한 것이다. 자연의 약점을 적극적으로 활용하여 위층으로 올라갈수록 면적이 줄어드는 배치를 선택했다. 산을 깎지 않고 경사지형을 이용하여 자연 지세에 순응하는 배치를 실현했다.

조리실과 관리인실, 마차용 차고를 설치한 아래층 공간은 경사지 아래쪽 북측에서 보면 1층이지만 남쪽 산줄기에서 바라보면 지하층이었다. 이렇게 하니 산을 깎지 않아도 남측의 자연을 받아들일 수 있었다. 지금은 너무 당연하게 받아들이지만 당시 대지가 넓은 스페인에서 지형의 경사를 이용하여 집을 짓는 것은 흔하지 않았다. 엘 카프리쵸는 남향집이자 동시에 북향집이다. 가우디는 북향의 바다 전망과 남향의 숲을 동시에 받아들이며 다양한 주변 경관을 감상할 수 있도록 다면적이고 다층적인 공간을 제안했다. 상대적으로 부족한 햇빛은 거실의 높은 천장고를 이용하여 상부의 고창으로 빛을 받아들여 실내 공간에 개방감을 확보했다.

1층 거실 양쪽으로 응접실과 식당을 설치하고 지하와 다락층에는 부속실을 마련하여 독신자의 동선이 남쪽 숲을 마당처럼 가까이 할 수 있었다. 거실의 시원한 천장고를 돋보이게 하기 위해 목조 구조를 그대로 노출시켜 동양적인 자연미를 도입했다. 추운 날씨를 고려하여 이중유리로 되어 있는 창문은 열고 닫을 때마다 차임벨 소리가 울려 퍼지도록 추를 달아 로맨틱한 분위기를 연출하기도 했다.

엘 카프리쵸의 백미는 현관 입구에 등대처럼 우뚝 솟아 있는 원형 탑이다. 가까이 다가갈수록 원형 탑은 마치 동화 속의 성처럼 이색적이고 우아하며 과시적이기도 하다. 그리스의 어느 신전, 이슬람의 미나레트(예배 시작을 육성으로 알리는 종탑)에 도달한 것처럼 특별한 감정을 불러일으킨다. 튀어나온 대지의 뼈처럼 현실의 단단함을 딛고 있

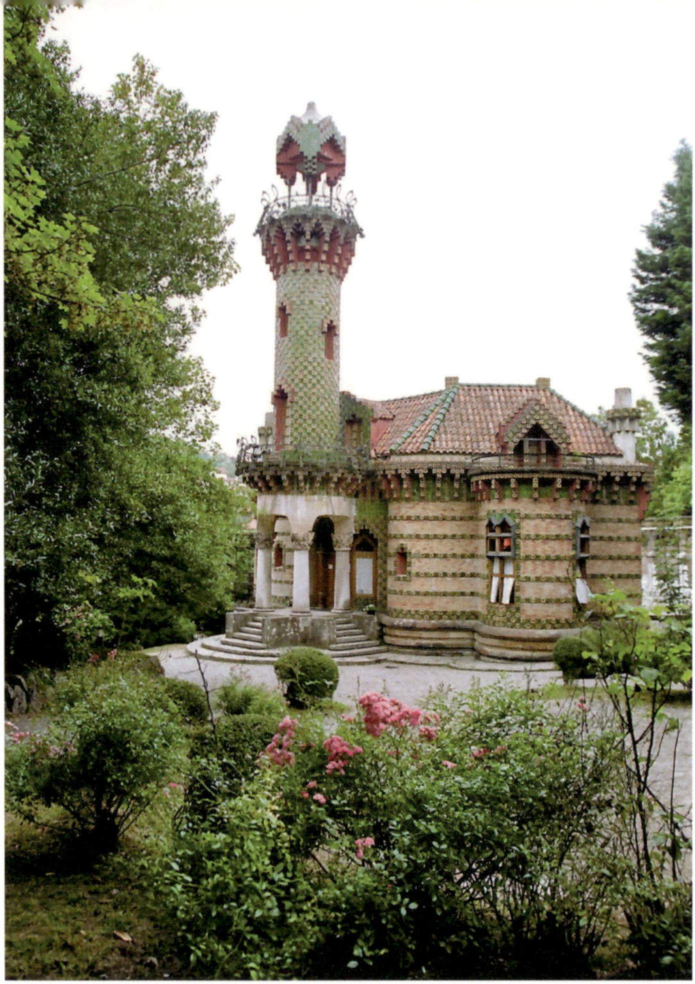

©Xavier E Traite

• 위 / 숲에서 바라본 엘 카프리쵸의 전망대.
• 아래 / 북측에서 올려다본 엘 카프리쵸.

©lin padgham

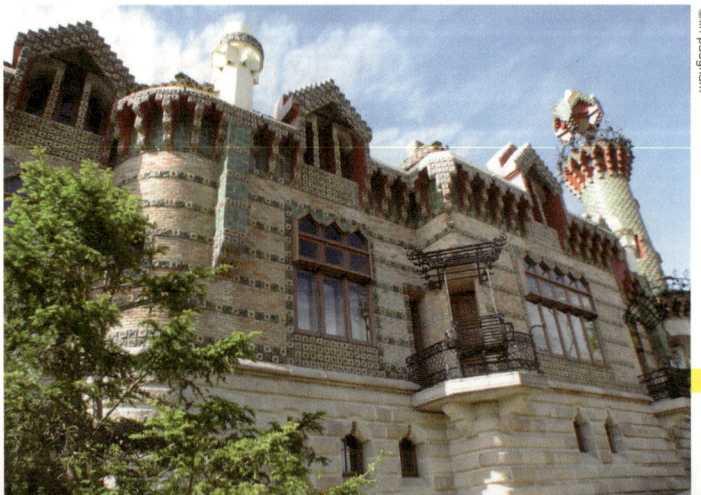

는 1층 위로 2층 돌출 케노피는 타일 장식의 화반을 썼다. 케노피의 스틸 난간은 세련된 장식으로 상부의 탑을 투시하고 있다. 그 위로 돌출 케노피 상부 난간의 중국풍 쇠창살은 종려나무의 잎 형태의 기둥머리와 조화를 이루고 있다. 탑의 상부는 마치 이슬람 사원의 미나레트를 닮은 원형의 긴 통이 기하학적으로 도드라진 해바

· 유약을 바른 녹색과 노란색 타일이 벽돌을 화폭처럼 두르고 있다.

라기 타일에 상상 속의 버섯처럼 기이하다. 탑의 머리를 바라보노라면 고고한 학이나 매나 독수리가 대서양을 바라보고 서 있는 형상이다. 마치 독신자의 변덕과 상상력을 무한정 확장시켜주기 위해 이카로스의 날개를 장엄하게 펼친 듯하다. 엘 카프리쵸의 전망대는 기능과 장식을 공유한 이슬람 미나레트와 현대 조각의 이상을 융합한 가우디만의 절충 양식이다. 가우디는 건축주의 부에 굴복하거나 건축주의 자기 과시욕을 일방적으로 채워주는 건물을 짓지 않았다.

1914년 건물 뒷부분 증축 공사로 원형이 조금 바뀌고 지붕 재료가 교체되었지만 엘 카프리쵸는 여전히 화려한 자태로 가우디의 영혼을 선물하고 있다. 대지의 흐름에 순응하면서도 기념비적인 전망 공간을 제공하는 엘 카프리쵸는 야누스의 얼굴처럼 보는 방향에 따라 형상을 달리하며 우리의 감성을 자극하고 있다.

당신은 틀렸다, 신들은 보고 있다 _ _ _ _ _
Palacio Guell

Antoni Gaudí

공간의 서사시, 구엘 궁전

◎ 당시 코미야스 가문과 구엘 가문은 바르셀로나 명문가의 양대 산맥을 이루고 있었다. 구엘은 코미야스 가문의 사위이기도 했다. 구엘은 신대륙과 무역으로 번 돈으로 가문을 재건해 코미야스 가문을 능가하려는 야망에 불타고 있었다. 가우디보다 여섯 살 연상인 구엘은 문화와 예술적인 재능을 두루 갖춘 30대 후반의 재력가로서 자신의 꿈을 실현시켜줄 재능 있는 건축가를 찾고 있었다.

당시 가우디는 이제 막 초보 건축가로서 자신의 사무실을 열고서 명함을 디자인하고 자신의 제도판으로 쓸 철제 책상을 스승 푼티의 작업실에서 제작하고 있었다. 초보 건축가 가우디의 작품이라곤 1878년 파리 만국박람회에 출품한 유리 전시장과 레이알 광장에 서 있는 철제 가로등이 전부였다. 졸업을 목전에 두고 가우디는 1878년 파리 만국박람회에 쓰일 유리 전시장을 만들었다. 파리 만국박람회에 출품된 작은 유리 전시장이 구엘을 푼티의 작업장까지 찾아오게 만들었다.

구엘은 한눈에 가우디의 예술혼을 꿰뚫어보았다. 가우디의 혼이 담겨 있는 작은 유리 전시장과 작은 철제 제도판이 가우디의 인생을 통째로 바꿔놓은 중요한 계기가 되었다. 바르셀로나의 새로운 신화가 되고 싶었던 구엘은 가우디의 열정과 예술혼이 필요했다. 준비된 자만이 기회를 쟁취할 수 있듯이 구엘은 가우디의 미래를 보고 있었다.

푼티의 작업실에서 구엘과 가우디는 운명적으로 만났다. 예나 지금이나 인적 네트워크는 건축가에게 중요하다. 장인에게 자신이 좋아하는 건축가를 추천하는 것은 쉬운 일이 아니다. 엘 카프리쵸를 지은 가우디의 실력을 더 이상 의심할 사람은 아무도 없었다. 건축주는 잘 당겨진 건축가의 화살을 알아보는 법이다. 가우디는 구엘의 욕망을 채워줄 활시위였다.

구엘은 바르셀로나 민족주의자답게 적극적이고 주도적으로 문화 활동을 수행했다. 카탈루냐 문학동우회에 가입했고, 1888년 바르셀로나 박람회를 적극 유치하는 데 재정적인 지원을 아끼지 않았다. 구엘은 다재다능한 재능으로 무장한 전형적인 르네상스적인 인물이었다. 과학도이자 수채화를 잘 그리는 화가이자 동시에 연극, 시, 오페라 등을 후원하는 바르셀로나 문화계의 든든한 버팀목이었다.

가우디는 구엘을 존경했으며 1918년 구엘이 죽을 때까지 35년 동안 구엘 가문의 모든 건축 일을 도맡아 수행했다. 옥상 빨래대, 창고, 간소한 장식용 분수에서부터 저택, 개인 성당, 공원에 이르는 대규모 작업을 모두 진행했다. 가우디와 구엘은 엘 카프리쵸의 건축주인 코미아스 후작을 통하여 유람협회 활동에 동참했으며 당시 유명한 시인 하신트를 존경했다. 하신트는 당시 해양 대서사시 『라 아틀란티다』를 출간했으며, 카탈루냐의 정체성을 찾으려고 노력했던 인물이다. 『라 아틀란티다』는 헤라클레스 신화와 바르셀로나 민족주의를 조화시킨 작품이었다. 신화는 한 민족의 자존심을 확인하는 생명수다. 가우디의 신화는 구엘을 통하여 실현되었다 해도 지나치지 않을 것이다.

구엘이 가우디에게 한 첫 주문은 레스코르츠 대규모 농원이었다. 지금은 가우디 연구소로 쓰이고 있는 마구간과 수위실 사이에 자리잡은 강철 대문을 만들었다. 커다란 입을 벌리고 구엘 가의 성전을 지키는 무시무시한 용의 모습이다. 영락없이 『라 아틀란티다』 서사시에 나오는 라돈이라는 용의 모습이다. 황금 오렌지 나무의 무성한 열매와 잎과 작은 들장미로 둘러싸인 곳에 구엘의 머리글자 G가 새겨진 석조가 신화를 대변하고 있다. 구엘은 자신의 가문을 새로운 시대의 문화적 배경을 갖춘 가문으로 거듭나기 위해서 가우디의 창조력에 기댔다.

카탈루냐 민족주의 건축을 부흥시키고 싶은 가우디와 산업시대의 헤라클레스가 되고 싶은 구엘은 같은 배를 탄 동반자였다. 구엘 가문의 문장을 디자인할 때 구엘은 '어제는 목동, 오늘은 신사'라는 너무나도 솔직한 야망이 담긴 문구를 가우디에게 주문했다. 구엘은 가우디의 예술혼을 빌려 자신의 권력과 명성으로 무장한 바르셀로나의 용이 되고 싶었다.

• 남측 모서리에서 바라본 구엘 궁전 전면 파사드.

• 구엘의 권위를 상징하는 카탈루냐 문장과 매를 모티프로 한 철 세공 장식.

　바르셀로나의 떠오르는 별, 구엘과 가우디는 눈빛만으로도 서로의 마음을 읽을 수 있었다. 구엘은 단순히 돈만 많이 투자한 고급 저택이 아니라 새로운 시대를 선도할 디자인 모티프가 담긴 저택을 원했다. 구엘은 가우디의 예술적 재능에 자신의 야망을 첨가해 20세기 바르셀로나의 새로운 신화를 쓰고 싶었다. 그 탄생의 비밀을 간직한 작품이 구엘 궁전이다.

　구엘은 람블라스 거리 남쪽, 부모님의 집 가까이에 있던 옛날 우유 공장 자리에 저택을 짓기로 했다. 집안 어른의 충고를 받아들인 결과였지만, 구엘에게 또 다른 이유가 있었다. 바르셀로나의 신흥재벌인 코미야스 가와 구엘 가는 서로 사돈지간이지만 동시에 경쟁자였다. 구엘 궁전이 들어설 노우 데 람블라 거리의 한쪽은 매춘과 마약이 판을 치는 악의 소굴이었고, 반대쪽 몬주익 언덕 방향으로 조금 내려가면 친구이자 의사인 산탈로의 집이 있었지만, 여기에 집을 짓게 된 진짜 이유는 코미야스 가의 두 번째 후작인 자신의 매형이 람블라스 거리 서쪽 상부 포르타페리사 모퉁이에 지은 화려한 모하 궁전과 경쟁하기 위함이었다.

구엘 궁전이 지어질 위치는 고딕 지구의 중심인 산하우메 광장을 중심으로 대성당과 카탈루냐 자치정부 청사와 바르셀로나 시청사와 람블라스 거리를 사이에 두고 서로 반대 방향이었으며 모하 궁전과는 삼각형의 꼭짓점을 이루는 곳이었다. 시청사에서 람블라스 거리로 이동하다 보면 레이알 광장이 나오고 람블라스 거리를 사이에 두고 대칭으로 레이알 광장과 구엘 궁전이 있다. 레이알 광장에는 가우디가 건축학교를 졸업한 뒤 처음으로 참여한 공공시설 프로젝트인 가로등이 서 있다.

세상의 모든 건축가의 소망은 공사비와 관계없이 자신의 재능을 발휘할 수 있는 건축물을 짓는 것이다. 그리스의 피디아스, 르네상스 시대의 브루넬레스키, 레오나르도 다빈치, 그리고 미켈란젤로에 이르기까지 건축가들은 공사비와 자신의 예술성 사이에서 곡예를 하며 집을 지었다. 파르테논 신전을 설계한 피디아스는 사람들이 볼 수 없는 지붕 장식의 뒷면까지 꼼꼼하게 조각했지만, 아테네의 재무관은 아무도 볼 수 없는 뒷면까지 조각한 비용은 줄 수 없다고 했다. 이에 격분한 피디아스는 "당신은 틀렸다, 신들은 보고 있다"라는 유명한 말을 남겼다.

- 왼쪽 / 현관에서 바라본 구엘 궁전 철의 대문 전경.
- 오른쪽 / 테라스 발코니 채광창의 기하학적인 문양 속에 햄릿과 맥베스가 스테인드글라스로 장식되어 있다.

    가우디에게는 구엘이라는 든든한 후원자가 있었다. 가로 18미터에 세로 22미터의 대지는 궁전을 짓기에는 상대적으로 협소했다. 가우디는 좁은 대지의 제약을 해결하기 위해 건물의 심장부에 9평방미터의 중앙 홀을 배치해 원형 천장 꼭짓점까지 20미터에 달하는 빛의 우물을 만들었다. 그리고 공간의 흐름을 방해하는 내부 칸막이를 모두 없애버렸다. 포물선 아치의 정점을 길게 잡아당긴 모양의 돔 안에 3개 층의 공간이 모두 빛의 유희에 춤을 추고 있다. 중앙 돔의 구조를 해결하기 위해 가우디는 사각 강철 빔을 조선소에 특별히 주문하여 여러 개

• 천체를 실내 공간으로 옮겨놓은 듯한 구엘 궁전 중정.

의 볼트로 조립했다. 하늘을 담기 위한 중정 공간의 구조를 조선소에서 특별히 제작한 철골 구조물로 지은 것은 가우디의 기상천외한 상상력에서 나왔다. 디자인을 위해서라면 돈을 아끼지 않는 구엘의 대범함과 빛의 우물을 실현하려는 가우디의 모험심이 교묘하게 조화를 이루었다. 이러한 디자인 방법은 훗날 성가족 대성당 실내 예배 공간의 십자교차점의 중심 기둥에 다시 적용되었다.

원형 돔의 지붕에 작은 천공을 뚫어 아래로 투과하는 빛의 농도와 질감과 느낌이 만들어내는 시적인 분위기는 시간의 농담 속에서 은총처럼 뿌려지고 있다. 이러한 빛의 마술은 성가족 대성당의 내부 공간에 설치된 6개의 천장 돔에서 다시 부활했다. 이는 어린 가우디가 숲에서 발견한 빛의 마술이자 알람브라 궁전의 천장에서 발견되는 몽환적인 빛의 융합으로 완성시켰다. 가우디는 단순히 장식적이고 화려한 공간을 조각하지 않았다. 내부 공간을 관통하며 흐르는 유기적인 빛의 영감은 곧바로 빛의 마술을 실현시키며 신앙심을 불러일으켰다. 중앙 홀에 종소리가 울려 퍼지는 순간 빛의 우물 안에 안긴 사람들의 심장은 성령으로 충만한 영혼의 물고기가 되었다.

구엘 궁전의 외관을 감상하려 해도 좁은 거리 때문에 온전히 사진에 담기가 힘들다. 출입구를 장식하고 있는 두 개의 포물선 아치 중에 하나는 마차 출입구며 다른 하나는 사람 출입구다. 좁은 골목에 면한 작은 건물의 개방감을 확보하기 위해 차용한 포물선 아치는 좁은 골목의

• 좌 / 전면 파사드의 디테일.　우 / 배면 파사드의 디테일.

• 옥상의 굴뚝과 환기탑의 모습이 동화적이다.

답답함을 넉넉하게 품어주고 있다. 단조로운 모하 궁전에 비해 구엘 궁전의 입면은 좁은 거리에 다양한 표정을 연출하기 위해 층별로 매스를 조정하여 거리에 활력을 불어넣고 있다.

　대칭으로 설치된 포물선 아치의 주출입구는 거대한 철문으로 장식되어 있는데 이는, 주위의 가난한 주민들에게 상당히 위압감을 주었다. 이러한 비난을 해소하기 위해 아치문 사이에 2미터 높이에 달하는 무쇠로 된 가로등을 설치하여 좁은 거리를 밝혀주는 동시에 카탈루냐의 자부심을 상징하는 문장을 달았다. 이 문장은 조국의 피를 상징하는 것으로 가시 모양의 왕관을 쓴 스페인 제국을 상징하는 독수리가 고개를 쳐들고 두 날개를 펼치며 막 웅비하려는 모습이다. 이 문장은 구엘

• 빛과 어우러진 기하학적인 문양의 철 대문.

의 권위를 나타내고 의도와 애국심을 고취시키고 있다. 이는 주변 이웃과의 민족주의적인 연대감을 표현하는 것이라고 가우디는 주장했다. 그와 동시에 가우디는 철문의 상부장식 속에 구엘을 상징하는 G를 예술적으로 형상화하여 구엘 궁전임을 강조했다. 그 위로 보이는 2층 발코니는 밋밋한 가로변의 입면에 변화를 주기 위해 돌출시켰다. 건물의 수직적인 질서를 깨트리고 하부 수곡선 아치의 위압감을 캐노피로 받아주며 전체적으로 안정감을 연출했다.

건물 내부를 들어가면 세기가 힘들 정도로 다양한 127개의 석회암 기둥이 서로 다른 디자인으로 공간에 활력을 불어넣었다. 비평가들은 알람브라 궁전의 평면과 코르도바의 모스크의 기둥을 가우디 방식으로 재해석한 것이라고 한다. 공간의 전개 과정과 분절 방식에 열주기둥의 리듬으로 내부 공간을 확장시켜주었기 때문이다.

입구에 들어서자마자 중앙 계단을 사이에 두고 양쪽으로 길이 나 있는 걸 볼 수 있다. 진입 방향에 맞추어 열주가 서 있으며, 차는 한 쪽 문으로 들어와 승객을 내려놓고 다른 쪽 문으로 나가게 만들었다. 특히 마차를 위해 만든 중앙 계단 하부로 시작되는 나선형 비탈길은 방문자를 자연스럽게 지하실

• 입체적인 트러스구조로 이루어진 밤나무 재질의 눈부신 응접실 천장.

• 다양한 버섯 모양의 벽돌 기둥들이 아치를 그리고 있는 지하실.

로 안내한다. 지하실의 기둥은 옆에서 보면 버섯처럼 보인다. 큰 각주와 원주로 변화무쌍한 이 공간은 스페인 내전 당시 고문실로 사용되었다. 독특한 벽돌 구조체가 만들어내는 거친 질감이 아픈 상처의 흔적처럼 보인다.

수곡선 아치 출입문 중앙에 설치된 화려한 계단을 통하여 1.5층인 중간층에 도달하면 넓은 대기실과 도서관 및 행정 사무실이 있다. 여기서 우아하게 휘어진 돌계단이 2층으로 연결된다. 2층에는 여러 개의 화려한 방과 중앙거실이 배치되어 있지만 무엇보다도 압권인 것은 중앙에 설치된 빛의 중정이다. 알람브라 궁전만큼이나 눈이 부실정도로 화려한 실내 장식은 모두 이 빛에 춤을 춘다. 복잡한 장식에 다양한 조각으로 맘껏 멋을 부린 장식 천장을 둘러보다 보면 건축가의 끼를 마음껏 발휘할 수 있도록 지갑을 열어준 구엘의 용기에 감탄하고 만다. 스페인 왕궁보다도 더 화려하고 아름다운 공간은 건축가의 상상력의 끝을 지워버리고 있다. 건축주의 숨은 야망과 천재적인 건축가의 절묘한 끼가 완벽하게 앙상블을 이루고 있는 이 건물은 스페인 로코코의 기념비다. 피카소는 학창 시절, 몇 년간 구엘 궁전 건너편에 살았다고 한다. 가우디가 짓고 있는 재미난 건물을 바라보며 3차원의 그림 구상에 빠져들기도 했지만 때로는 가우디를 부자들의 허세나 채워주는 건축가라고 비아냥거렸다.

벽돌과 조각타일로 만들어진 환상적인 18개의 굴뚝과 환기탑은 깨진 타일 조각 모자이크 옷을 차려입고 천사처럼 빛을 마중하고 있다. 이 흰색 굴뚝 중 하나엔 1992년 바르셀로나 올림픽 때 등장한 마스코트 코비가 그려진 타일 조각이 박혀 있다. 첨탑을 둘러싼 풍향계조차도 박쥐 모양을 만들어 가우디만의 독창적인 옥상 풍경을 연출하고 있다. 가우디만의 독창적인 트렌카디스 기법의 타일 문양은 이후 카사 밀라에서 극적인 진화를 보이며 입체파 화풍에 영향을 미쳤다.

지하에서 옥상까지 구엘 궁전이 주는 감정은 시간과 높이에 따라 빛의 리듬에 따라 떨린다. 지하실은 지옥을 상징하며, 중앙 홀은 견고한 땅과 하늘을 이어주는 영성의 사다리, 옥상은 천국이라는 아이디어는 성가족 대성당에서 성삼위일체 사상으로 완성되었다. 마천루의 하부는 사람의 발로, 중간 부는 사람의 몸으로, 첨탑의 지붕은 사람의 머리로 상상한 20세기 시카고 마천루의 창시자 미스의 아이디어는 가우디에게 빚을 지고 있다.

구엘 궁전은 구원과 부활 사이를 유영하는 인간의 고뇌를 가우디만의 각본에 맞추어 빚어낸 공간의 서사시이다. 아이러니컬하게도 세속의 성스러운 부자를 위한 궁전은 가우디의 손을 거쳐 하느님의 성전으로 변모되었다. 인생이란 삶의 조각들을 모아 자신의 이야기로 엮어나가는 한편의 서사시이다. 사소한 돌무더기 하나조차도, 벌레와 나비와 박쥐까지도 가우디의 손을 빌려 화려한 작품으로 비상했다.

==아스토르가 주교관==

제 말은 언제나 옳았습니다

구엘 궁전을 건축하는 동안 가우디는 또 다른 종교 건축물을 의뢰받았다. 한없이 더디게만 진행되는 대성당 공사가 가우디의 열정을 무참히 꺾어놓을 무렵이었다. 무기력함에서 빠져나올 수 있는 유일한 방법은 새로운 일거리였다. 아스토르가 주교관 작업은 성가족 대성당 공사의 갈증을 순간에 날려버릴 수 있는 한여름의 생수였다.

스페인 북서부 카스티야 이 레온 주에 있는 아스토르가는 인구 1만여 명의 작은 도시이자 산티아고 데 콤포스텔라로 이어지는 교역 중심지였다. 로마 시대 성벽과 바로크 양식이 가미된 고딕 양식의 대성당(1471년)을 비롯하여 18세기 시청사와 가우디가 설계한 19세기 주교 궁전이 아스토르가의 명물이다. 지중해에서 스페인 북부를 가로지르는 거리는 지금도 하루에 쉽게 다녀올 수 있는 거리가 아니다. 아스트로가는 바르셀로나와 너무 멀리 떨어진 관계로, 가우디는 작업의 효율성을 올리기 위해 주교에게 마을 유적지 사진과 역사에 관련된 책, 부지의 조건과 그 지방 건물의 양식에 대한 자료를 모두 요청했다.

가우디는 카사 비센스와 엘 카프리쵸에서처럼 항상 건물을 설계하기 전에 먼저 대지와 주변 환경과 역사적인 줄거리를 하나의 스토리로 구성했다. 카사 비센스에서는 대지에 서 있는 야자수와 담장을 두르고 있는 꽃에서, 엘 카프리쵸에서는 경사지의 장애 요소에서 디자인 개념을 추출했다. 아쉽게도 아스토르가 주교관을 맡았을 즈음 가우디는 시간을 쪼개야만 하는 상황이었다. 성가족 대성당 공사와 구엘 궁전을 비롯하여 다양한 일들이 긴 여행을 허락하지 않았다. 건축가에게 실제 지어지는 집을 계획하고 공사를 감독하는 일보다 더 중요한 일은 없다. 가우디는 항상 현장을 돌며 도면의 디테일과 시공 방법을 수시로 바꾸며 끊임없이 더 좋은 작품을 만들기 위해 고민했다. 가우디의 조수들은 도면을 지저분하게 만드는 가우디를 항상 비아냥거렸다. 그러나 건축가는 항상 전체를 보고 있다.

가우디는 아쉬운 대로 주교가 보내준 자료를 참조하여 공간을 구상했다. 아스토르가는 서쪽과 북쪽이 산맥으로 둘러싸인 곳으로 북쪽은 아스투리아인에게 약탈당하고 남쪽은 아랍인에게 점령당했다가 가톨릭 왕국으로 편입된 아픈 역사를 간직하고 있다. 대부분의 스페인 도시들처럼 고딕 대성당과 바로크 시대 건축물로 가득한 아스토르가의 역사적인 전통을 고려하여 크리스트교의 요새처럼 건축물을 설계했다.

1887년 가을 가우디가 보내준 도면을 받아든 주교는 매우 만족했다. 도면을 검수받기 위해 곧바로 마드리드의 왕립 아카데미에 보냈다. 1888년 늦은 여름에야 가우디는 건물이 들어설 대지를 방문할 수 있었다. 그러나 사진과 자료에 의지하며 설계한 자신의 도면이 실제 대지에 어울리지 않았다. 가우디는 왕립 아카데미에서 보내온 지적 사항들까지 빠짐없이 인정하고 새로운 설계도를 다시 작성했다. 도면은 1년여의 수정 기간을 거쳐 왕립아카데미의 허가를 받아 1889년 6월 말에야 겨우 주춧돌을 놓을 수 있었다. 처음 설계를 주문받은 날로부터 거의 2년이라는 세월이 바람처럼 흘러간 뒤였다.

혈기왕성한 주교와 고집불통 건축가의 만남은 운명의 장난이었다. 무너진 성당을 돌아보던 가우디는 대리석 제단 뒤에 있는 인물 부조를 가리는 아치를 뜯어내라고 지시했다. 뒤따라오던 주교는 허겁지겁 가우디에게 달려가 뜯어내지 말라고 말렸다. 아치는 가톨릭 교리의 핵심이자 성스런 성체의 위엄을 나타내는 상징이다. 그러나 가우디는 부조의 망토 자락이 이미 성체의 위엄을 보여주고 있다며 고집을 부렸다. 주교는 "어쩌면 당신 말이 아주 조금 맞을지도 몰라요……" 하고 적당히 얼버무렸다. 그러자 가우디는 주교의 말이 땅에 떨어지기도 전에 "제 말은 언제나 옳았습니다"라며 고집을 부렸다. 주교는 성직자 위원회에 자문과 중재를 요청했다. 위원회가 주교의 손을 들어주면서 사건을 일단락되었다.

자신의 영감을 믿으며 고집스럽게 살아온 가우디는 공사 현장에서도 항상 자신이 먼저 솔선수범하여 어려운 부분을 시공하고 나서 인부들에게 그대로 하도록 지시했다. 시공된 작품이 조금이라도 마음에 들

• 아스토르가의 주교관은 가우디의 건축이라 할 수 없다.

지 않으면 망설이지 않고 허물어버렸다. 이러한 장인의 자세와 행동은 양심의 발로다. 스스로 만족하지 못하는 작품을 남에게 판다는 사실은 자신을 속이는 일이다.

가우디는 자신이 고집불통이라는 것을 잘 알고 있었다. "평생 제 성질을 잠재우려고 노력했습니다. 어떨 땐 성공했지만, 또 어떨 땐 성질이 나를 압도할 때도 있었지요." 하며 고백할 정도였다. 가우디는 주교와 공사 전반에 걸쳐 시도 때도 없이 논쟁을 벌였다. 주교는 하는 수 없이 가우디에게 한 권의 책을 권했다. 교회 건축에서 반드시 지켜야 하는 예배의식과 양식에 대한 설명이 잘 정리되어 있는 『교회의례연감』

으로 충고를 대신한 것이었다.

　대학 시절부터 젊은 교수들의 가르침보다는 도서관에서 책을 통하여 스스로 탐구하기를 더 좋아했던 가우디에게 『교회의례연감』은 새로운 눈을 뜨게 해주었다. 작은 주택 공간은 일상의 삶이 다양하게 이루어지는 공간이지만 성당처럼 규모가 크고 의례가 일어나는 공간에는 종교적인 제례의식이 다른 모든 활동에 우선한다. 성스런 성체의 위엄을 유지하기 위해 변하지 않아야 할 영역과 새로운 시대의 흐름에 맞추어 변화시켜나가야 할 부분이 공존하는 것이 교회 건축이다. 새로운 건축물을 지을 때 건축가가 가장 먼저 챙겨야 하는 일은 건축물에

• 가우디의 아픔이 손에 잡히는 아스토르가 주교관과 천사상이 무심하게 교차하고 있다.

담길 공간의 기능에 대한 사색과 사용자의 문화를 연구하는 것이다. 『교회의례연감』을 열심히 읽고 난 가우디는 건축에 있어선 자신이 전문가이지만 가톨릭의 제례의식에 대해서는 주교가 전문가라는 사실을 받아들였다.

이후 그라우 주교는 학구적인 가우디를 신뢰하기에 이르렀고 마침내 가우디의 든든한 지지자가 되어주었다. 1890년 겨울 동안 공사는 빠르게 진행되었다. 마침내 이 지역의 전통에 따라 신고딕 양식으로 화강암을 깎아 만든 3중 아치로 중앙 홀과 연결하는 현관을 만들고 있었다. 그러나 약간 앞으로 기울어진 3중 아치가 제자리를 잡기 위해 단단한 지지대를 만드는 일은 쉽지 않았다. 현관 아치는 두 번이나 무너져 내렸다. 시기심 많은 구경꾼들이 가우디의 작업을 흥미롭게 지켜보고 있었다. 비계 발판 위에 올라선 가우디는 불꽃같은 의지력으로 두 팔을 벌려 돌을 번쩍 들어올렸다. 아쉽게도 가우디의 손을 떠난 화강암 아치는 제자리에 얼마 버티지 못하고 다시 무너져 내렸다. 인내력이 바닥을 드러내고 모든 사람들이 불가능하다고 믿는 순간에도 가우디는 고집스럽게 다시 돌을 들어올렸다. 껍질이 다 벗겨진 가우디의 손이 돌과 하나가 되는 순간 기적처럼 돌은 제자리를 잡았다. 서양의 침묵이 가우디와 조수들의 숨소리까지 삼켜버렸다.

가우디는 열정을 불사르며 주교관 건축에 4년간 매달렸지만 가우디에게 아무런 보상도 주어지지 않았다. 더 이상 열정만으로 공사를 계속할 수 없다고 판단한 가우디는 주교에게 편지 한 통을 보냈다. 주교의 배려에는 감사하지만 정당한 임금을 지불하지 않은 교구청에 그동안 쌓인 불만을 털어놓았다. 파르테논 신전의 건축가 피디아스처럼 보상을 구걸하는 일이 없도록 조치해줄 것을 요청하는 최후통첩이었다.

이듬해가 되어서도 위원회는 여전히 가우디가 제출한 작업에 트집을 잡고 임금을 지불하지 않았다. 그라우 주교의 인간적인 신뢰만이 가우디가 작업을 지속하는 유일한 이유가 되었다. 1893년 가을, 주교는 사모라에 있는 교구를 방문하다 한쪽 다리를 다치는 일이 일어났다. 그라우 주교의 인간적인 모습을 존경하던 가우디는 모든 불만을 뒤로 하고 하루빨리 주교관의 지붕을 덮기 위해 작업을 진행했지만 지붕이 제자리를 잡기 전에 주교가 세상을 떠나고 말았다. 주교의 죽음은 가우디의 마지막 남은 감정의 그림자마저 말끔하게 지워버렸다.

주교관 공사를 포기하기로 결정한 가우디는 위원회에 "당신들은 일을 제대로 마무리할 능력도 없고, 일을 중단된 채 내버려둘 용기도 없는 사람들이다"라며 그동안 말하지 못한 불만을 털어놓았다. 산처럼 높게 쌓인 아쉬움과 미련을 내려놓고 가우디는 그라우 주교를 위해 비석을 제작하며 아스토르가의 일을 마무리했다. 몇 년이 지나 가우디에게 다시 와달라는 요청이 있었지만 가우디는 냉정하게 거절했다. 건축가에게 자존심은 건물의 기둥과 같다. 인간적인 신뢰가 무너진 곳에 작품의 씨앗이 자랄 틈은 없다.

• 가우디 양식이 아님을 증명하고 있는 무심한 실내 공간 디테일 전경.

  화가 난 가우디는 원래 설계도를 모두 태워버리고 다시는 아스토르가에 발을 들이지 않았다. 결국 수십 년이 걸려 공사가 끝이 났지만 가우디의 설계대로 지어지지 않았다. 세월은 참으로 무심한 듯하다.

  지금 작은 시골도시 아스토르가를 방문하는 사람은 어김없이 시내 중심에 우뚝 서 있는 주교관을 가우디의 작품이라 부른다. 그러나 이 건물은 가우디의 작품이 아니라 가우디의 아픈 감정이 쌓여 있는 애물 덩어리였다. 건물의 마무리와 지붕 공사는 레온 교구 건축가인 리카르도 가르시아게레타가 마음대로 했다. 가우디가 구상한 건물과는 완전히 다르게 지어졌지만 세월이 흐른 지금 모든 사람은 이 건물을 가우디의 작품이라고 부르며 가우디의 예술혼을 팔고 있다.

　로마 성벽 위로 당당하게 서 있는 석조건물의 우람한 성체 위에 십자가 모양의 지붕과 고딕식의 첨탑은 이 건물이 가우디의 작품이 아님을 웅변하고 있다. 주출입구의 아름다운 화반이 꼭짓점을 길게 집어올린 우아한 아치는 구엘 궁전의 아치보다 한층 발전된 모습으로 관광객을 모으고 있다. 아스토르가의 주교관에는 가우디의 상처 난 자존심이 팔을 벌리고 오늘도 별처럼 빛나고 있다.

성 테레사 학원
Colegio Teresiano

Antoni Gaudí

삶은 언제나 새로운 도전

◎ 가우디의 작업은 쉴 틈 없이 이어졌다. 집을 짓고 있는 중에도 새로운 일거리가 들어와서 공사장을 둘러보는 즉시 새로운 설계를 준비했다. 건축가에게서 가장 행복한 순간은 쉼 없이 새로운 작업을 진행하는 것이다. 아스토르가 주교관을 끝까지 마치지 못한 섭섭한 감정도 새로운 작품의 설렘으로 금방 날아가버렸다.

성 테레사 학원은 성녀 테레사 수도회의 창시자이기도 한 오소 신부에 의해 설립되었다. 테레사 학원이 있는 부지는 라보나노바 역에서 북쪽으로 걸어서 5분 정도면 도착하는 간둑스 거리 85번지의 한적한 주택가에 위치하고 있다. 얼른 보기에도 수수하고 검소한 벽돌담으로 둘러싸인 테레사 학원은 카사 칼베트 주택보다 서쪽에 위치하고 있으며 당시로는 바르셀로나의 변두리였다. 종교적인 신앙을 원칙으로 하는 건물이지만 구엘 궁전과 아스토르가 주교관과는 비교가 되지 않는 검소한 건물이어서 가우디에게는 새로운 도전이었다. 부자를 위한 건물은 고난도의 디테일로 공간의 이상을 실현했지만 가난한 자를 위한 건물은 단순하고 절제된 구조로 공간의 본질을 구현해야 했다.

칙칙한 벽돌과 돌로 이루어진 기하학적인 장식의 수수한 수녀원 건물은 이슬람 중세 건물처럼 단순한 직사각형의 건물이지만 자세히 살펴보면 벽면의 장식은 결코 단순하지 않다. 사각형 건물 모서리 꼭대기에 달려 있는 4개의 십자가를 보지 않는다면 사람들은 아마 이슬람 양식의 여느 건축물처럼 느낄지도 모른다. 십자가를 강조하기 위해 뾰족한 삼각 돌출물이 죽순처럼 질서정연하게 하늘을 향하여 뻗어 있지만 여느 고딕 성당의 십자가에 비하면 수수하기 이를 데 없다. 아치 창호를 덮고 있는 덧문은 볼록 직사각형으로 만들어 문을 열었을 때의 모습은 뾰족 아치 창문이지만 덧문을 닫았을 때는 격자무늬 창이다. 기하학적인 문양과 창과 벽의 질서들이 섞여서 전체적으로 청빈함을 자아내고 있는 이 건물은 이슬람 양식을 스페인 양식으로 발전시킨 무데하르 양식의 건물이다.

비잔틴 양식으로 건물을 짓는 도중에 갑자기 건축가가 가우디로 교체되었다. 가우디가 현장에 도착했을 때 외벽은 이미 2미터 남짓한 높이로 올라간 상태였다. 구엘 궁전과 주교관은 화려한 현대식 건물인데 비해 성 테레사 학원은 최소한의 예산에 맞추어 지은 수수한 건물이다. 가우디는 성가족 대성당처럼 기존 도면을 따라가기보다는 자신의 방식으로 새로운 양식의 건물로 변경했다. 오소 신부는 턱없이 적은

• 알라칸트 거리에서 바라본 성 테레사 학원.

예산을 지원하고는 시도 때도 없이 작업에 끼어들어 방해를 했다. 건축가에게 가장 힘들고 어려운 일은 적은 예산으로 좋은 건축물을 짓는 작업이다. 가우디는 오소 신부에게 "신부님은 미사와 설교를 하시고, 저는 집을 짓고요." 하며 대놓고 불편한 심기를 드러냈다. 건축가의 두 번째 역할은 방해꾼을 조력자로 만드는 것이다.

길게 펼쳐진 1층 복도의 포물선 아치 천장은 외벽의 아치 느낌을 건물 내부까지 연장하여 수녀원 내부 공간을 고즈넉한 리듬감으로 물들였다. 빛

• 측면 십자가 첨탑 하부에 장식된 성 테레사 수녀회가 소속된 카르멜회의 문장.

• 남측에서 바라본 성 테레사 학원의 입면.

에 물든 포물선 아치는 순백의 석고 벽면과 붉은 벽돌이 교차하며 대비되는 명암이 실내 공간을 절제된 영적인 분위기로 고조시킨다. 이 건물의 백미는 2층, 포물선 아치를 리드미컬하게 연속적으로 물고 있는 복도다. 미려한 포물선 아치는 건물 중앙에 위치한 채광용 중정을 지지하는 구조 역할을 하지만 동시에 실내 공간에 절제 있는 빛을 유도하며 종교적인 묵상의 경건함을 이끌어주고 있다. 중정은 양쪽으로 2개의 긴 복도를 물고 있다. 유려한 포물선 아치와 좁은 아치의 간격이 연출하는 빛과 그림자의 터널이 목자의 마음에 영적인 느낌을 강조하고 있다. 예수님의 고난을 생각하며 산책하도록 설계한 복도는 7개의 직사각형 공간이 각 구획마다 번갈아 하늘로 향해 열려 있다. 단순한 박스 공간에 중정을 삽입해 그 빛을 1층까지 불어넣으며 공간 전체에 하느님의 은총이 가득한 영성의 공간으로 연출했다. 기존 비잔틴 양식을 뾰족한 박공 지붕을 고딕 양식으로 바꾼 것은 건물 내부에 중정을 도입하여 전체적으로 세 구획으로 나누어 특별한 빛의 효과를 연출하기 위함이었다. 건물 내부 공간에 빛의 우물을 삽입하여 적은 공사비로 열림과 닫힘을 공간적으로 실현하여 학생들에게 영적인 느낌을 느끼도록 유도했다.

가우디는 아스토르가의 그라우 주교가 건네준 『교회의례연감』을 읽고 제례의식을 연구한 적이 있었다. 이번에도 성테레사가 쓴 『라스 모라다스』에 감명을 받고 책의 의미를 내부 공간에 담아내기 위해 영적 구도의 일곱 단계를 일곱 채의 대저택에 비유했다. 가우디가 만든 일곱 공간은 세상으로 열려진 명상의 공간을 의미한다. 그라우 주교에게서 교회제례의식을 배웠다면 테레사 수녀원을 지으면서 영적인 정신을 종교건축 속에 담아내는 실험을 해볼 수 있었다. 가우디는 학원을 짓는 도중에 토로토사에 있는 수도원에 은둔하여 영적인 기도에 매달린 적이 있었다. 가우디는 실제 공간에서 생활하는 사람들에게 영적인 분위기를 느끼게 만들려면 본인이 먼저 영적인 분위기가 무엇인지 체험해보아야 한다고 생각했다.

가우디와 피카소

Antoni Gaudi

젊은 예술가 그리고 가우디

◎ 세기말이 다가오자 바르셀로나는 극단의 환경으로 치달았다. 한 쪽에서는 무정부주의, 노동조합, 보헤미안들이 모이고 다른 한쪽에서는 가톨릭 보수주의, 전체주의적인 정부가 힘을 모으기 시작했다. 이런 상황에 가우디는 면죄부 성격을 띤 금식을 단행할 수밖에 없었다. 연일 카탈루냐 신문은 망토를 둘러쓰고 뼈만 앙상한 가우디 사진을 실었다. 친구들과 부친의 만류에도 고집을 굽히지 않자 이번에는 바헤스 주교가 나섰다. 지나치게 광신적인 행동과 신비주의적인 표현은 오히려 더 혐오감을 줄 수 있다는 충고에 가우디는 금식을 그만두었다.

그러나 가우디는 가톨릭 보수주의자라는 비난을 피할 수 없었다. 가우디는 더 이상 젊지도 그렇다고 가난하지도 않았다. 가난한 건축가였던 젊은 시절 가우디가 반교회주의자로 기성 문화를 비판했듯이 카탈루냐의 젊은 예술가들에게 가톨릭 전통은 스페인 사회를 병들게 만든 주범이었다. 비판적인 젊은이들을 못마땅하게 생각한 원로 예술가들은 성육예술원이라는 보수단체를 만들었다. 예술성과는 거리가 먼 보수적인 사회규범을 세우고 지키는데 모든 정력을 낭비했다.

첫 번째 규칙으로 내놓은 것이 수업 시간에 옷 벗는 여자가 없어야 한다는 것이었다. 미술 시간에 더 이상 누드를 그리지 못하게 금했다. 예술을 위한 예술은 퇴조할 수밖에 없다고 말하며 더 이상 타협할 여지를 남겨주지 않았다. 젊은 예술가들에게 가우디는 보수 집단의 우두머리 정도로 치부되었다. 아웃사이드가 권력 집단에 들어가 출세하면 기존 권력 집단보다 더 권력에 집착한다는 로마의 키케로를 닮아가고 있다고 믿었다. 젊은이들의 관점에서 가우디는 키케로의 화신이었다. 가난한 건축가였던 가우디가 유명세를 타고 부유한 건축가가 된 순간 반교권운동을 헌신짝처럼 벗어던지고 누구보다도 더 보수적인 가톨릭 옹호자로 변절했다고 여겼다.

구엘 궁전을 짓고 있는 가우디를 비난하는 데 제일 앞장선 이가 젊은 천재화가 피카소였다. 성가족 대성당을 지으면서 출세한 가

• 피카소(Romon Casas, 1900)

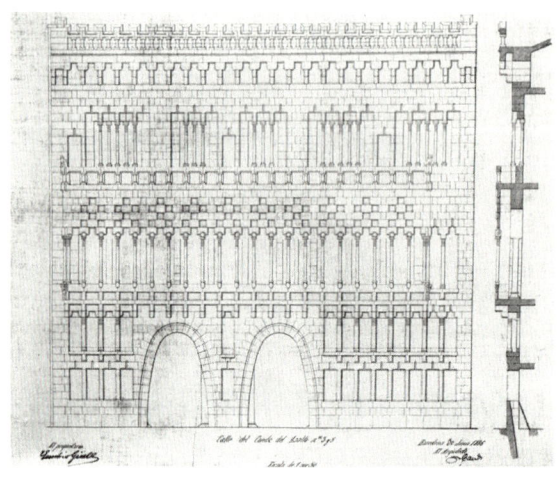

- 위 / 1886년 6월 30일 가우디와 구엘의 서명이 들어가 있는 구엘 궁전의 정면도와 단면도.
- 아래 / 중앙 홀의 긴 의자와 적색 대리석으로 마감된 배면 전경 (1944년 촬영).

우디는 이제 가난한 서민들은 안중에도 없는 속물쯤으로 비쳤다. 피카소는 성육예술원에 반대한 젊은 예술가 집단의 기수가 되었다. 젊은 시절 구엘 궁전 맞은편에 살면서 가우디의 상상력에 영감을 받기도 했지만 거리에 나뒹구는 가난한 자를 외면하고 부자의 궁전만 짓고 있는 가우디를 속물이라 비난했다. 피카소는 가우디와 성가족 대성당을 모두 지옥으로 보내라는 글을 쓰기도 했다.

가우디 역시 피카소를 포함한 바르셀로나의 급진주의 청년 예술가들을 싫어했다. 가우디를 풍자한 피카소의 그림(1902)에 가우디를 향한 피카소의 감정이 잘 묘사되어 있다. 가난하고 굶주린 가족을 앞에 두고 언덕 위에 올라서 굽은 허리로 말하고 있는 사람은 가우디를 묘사한 것이다. "저는 지금 여러분에게 매우 중요한 하느님과 예술에 대해 말하려 합니다." 하고 가우디가 말하자 대중이 "네, 원한다면 하느님과 예술에 대하여 말씀하십시오. 그런데 제 자식들은 지금 배가 고프답니다." 하며 말하고 있었다.

피카소는 지천에 널려 있는 가난한 자와 배고픈 사람들을 외면한 채 부자들의 집을 지으면서 고매한 예기로 민중을 우롱하는 교회는 더 이상 의미가 없다고 생각했다. 그러나 의기양양한 피카소를 비롯한 젊은 예술가들은 결국 힘 있는 교회와 정부를 이기지 못하고 무너진다. 보수진영으로 넘어간 바르셀로나는 더 이상 피카소에게 의미가 없었다. 마침내 피카소는 파리에 새로운 보금자리를 마련했다.

그러나 피카소는 구엘 궁전 맞은편에 살면서 타일 조각 모자이크로 굴뚝을 장식하는 트렌카디스 기법에 영향을 받았다. 비난한다고 그 사람의 예술성까지 알아보지 못하는 것은 아니다. 현대 예술의 프래그멘테이션(파쇄, 해체) 역사에서 피카소에게 영향을 미친 요소 중의 하나가 가우디의 트렌카디스 기법이다. 동시대를 살아가면서 서로에게 이념적으로는 등을 돌렸지만 예술성은 언제나 공유할 수 있다는 것을 역

• 작은 사이프러스 숲으로 불리는 구엘 궁전의 옥상 환기 탑과 굴뚝 전경.

사는 보여주고 있다. 진보와 보수는 시작과 끝처럼 서로 맞물려 대립과 공존을 반복하며 역사의 수레바퀴를 굴려왔다.

가우디의 명성은 하늘을 찌를 듯이 드높아져 갔지만 스페인 사회는 산업사회가 발전하면 할수록 점점 더 혼란으로 치달았다. 과거의 전통을 고수하려는 보수적인 가톨릭 교단과 정부에 맞서 산업 노동자 집단은 새로운 시대에 걸 맞는 변화와 개혁을 요구했다. 설탕 가격의 하락으로 쿠바에서 폭동이 일어나자 스페인 정부는 잔인하게 쿠바 국민들을 집단수용소에 밀어 넣는 미봉책으로 사태를 해결하려 했다. 쿠바의 민심은 자연히 스페인으로부터 멀어지고 1898년 미국 선박이 아바나 항에서 침몰하는 사태가 일어나자 곧바로 스페인과 미국 사이에 전쟁이 일어났다.

미·서 전쟁 패배는 신대륙에서 스페인의 주도권 상실을 의미했다. 10주 만에 끝나버린 전쟁은 이제 늙은 여우로 변해버린 스페인에게 치욕의 날만 선물했다. 패배의 아픔을 안고 사기가 떨어질 대로 떨어진 수많은 사상자와 군인들은 보따리를 매고 고국 스페인으로 돌아왔다. 1898년 파리 조약을 통하여 스페인은 푸에르토리코, 괌, 필리핀을 미국에게 몽땅 내어주고 쿠바의 독립을 인정하기에 이르렀다.

20세기가 시작되면서 스페인은 황혼의 낙조처럼 세계 무대에서 서서히 기울고 있었다. 국내외적으로 혼란한 시기에 바르셀로나에서 승승장구하는 사람은 가우디 한 사람뿐이었다. 구엘이라는 든든한 부자의 후원 덕분에 가우디는 돈 걱정하지 않고, 하고 싶은 일만 할 수 있었다. 가우디를 부러워하는 사람과 가우디를 비아냥거리는 사람들만이 존재했다. 가우디는 주문받은 일이 너무 많아 제대로 할 수 없을 지경이 되었다. 장래가 촉망되는 젊은 건축가들을 거느리고 작업실을 꾸려 나갈 수 있을 정도였다. 주변에서는 이런 가우디를 곱게 보지 않았다. 작업은 모두 조수에게 맡겨두고 가우디는 흰 장갑을 손에서 벗지 않는 댄디가 되어버렸다고 비아냥거렸다.

가우디는 이곳저곳 작업실을 기웃거리며 일거리를 부탁하지 않아

• 1898년 2월 15일 쿠바 아바나 항에서 미국 순양함 메인호가 침몰했다.

도 되었다. 실력 있는 건축가와 장인과 조각가의 도움을 받으며 자신의 작품 세계를 발전시켜나갈 수 있었다. 의사 친구인 산탈로의 조언에도 불구하고 가우디는 수도사처럼 채식을 고집했으며 건축이 아닌 다른 일에도 항상 자신의 생각이 옳다고 믿으며 주변 사람들을 어리둥절하게 했다. 조수들이 혹시 연애를 한다고 아가씨들과 차라도 한 잔 하고 들어오는 경우에도 가우디는 괜한 일에 시간을 낭비한다고 호통을 쳤다.

  그러나 가우디는 단 한순간도 장인정신을 손에서 내려놓은 적이 없었다. 항상 먼저 모델 작업이나 디테일 작업을 선행하며 모범을 보였다. 그와 함께 작업하는 사람들은 모두 가우디를 존경하는 동시에 두려워했다. 그들의 눈에는 별로 이상해 보이지 않는 작은 실수조차도 가우디는 가차 없이 허물어버리고 다시 시작했다. 가우디는 돈을 위해서 일한 것이 아니라 자신의 완벽한 작품을 만들어내기 위해서 신의 경지를 탐낸 예술가였다.

카 사 칼 베 트
Casa Calvet

Antoni Gaudí

신화의 공간을 창조하다

1897년, 가우디는 리베라 지구와 가까운 카스프 거리 48번지에 칼베트 미망인의 가족을 위한 사무실과 주택을 겸한 복합 건물 신축을 의뢰받았다. 고딕 지구에 인접한 대지는 가우디의 사무실에서 얼마 떨어져 있지 않았다. 로마네스크 스타일의 건물이 밀집되어 있는 블록의 한가운데에 자리 잡은 대지의 특징을 찾기 위해 가우디는 부심했다.

길을 따라 병풍처럼 연결되어 있는 대지에 독창적인 건물을 설계하기 위해 건물 정면에 신화를 도입했다. 그러나 가우디가 그린 입면도는 시에서 정한 높이보다 사람의 머리 하나가 더 붙어 있었다. 옆집하고 똑같은 높이로 지붕 난간을 만들면 칼베트는 목이 잘린 사람처럼 특징 없는 건물이 될 것 같았다.

가우디는 도면을 들고 시청 담당자에게 찾아가서 따졌다. "당신이라면 여기서 공사를 멈추겠습니까, 아니면 옥상 파라펫을 도면처럼 올리겠습니까." 불법으로 한 층을 더 올리는 게 아니었다. 스토리에 맞추어 입면을 구성하기 위해 옥상 난간을 조금 올리고 그 위에 십자가를 올릴 뿐이었다. 그 뒤 가우디는 시청으로부터 설계를 변경하라는 통보를 더 이상 받지 않았다.

가우디는 천편일률적으로 판에 박힌 설계를 하지 않았다. 대지의 특징과 건축주의 직업과 개성에 맞추어 독창적인 집을 구상했다. 가우디 건축의 작품성을 인정한 시건축위원회는 1900년 제1회 바르셀로나 최우수 건축상으로 카사 칼베트를 선정했다.

가우디는 건물 정면에 칼베트의 정신을 기리기 위한 조각 장식을 만들기로 했다. 도로에 면한 전면은 좁았고 긴 장변은 옆 건물과 어깨를 나란히 하고 있으므로 디자인하기에 상당히 까다로운 도시형 주상복합건물이었다. 건물의 볼륨을 수평으로 5등분하고 집주인이 사는 2층에 주인의 권위를 상징하는 돌출 설교대

• 카스프 거리에서 바라본 카사 칼베트.

• 머리 하나가 돌출한 카사 칼베트의 옥상 파라펫.

를 설치했다. 그리고 지붕 양쪽 나란히 돌출 파라펫을 설치하고 상부에 십자가를 세웠다.

중심을 상징하는 입구 위에 환영을 상징하는 사이프러스 나무의 형상과 칼베트 가의 머리글자 C, 올리브 가지, 카탈루냐 문장을 새겨 넣었다. 건축주가 거주하는 2층에 발코니를 설치하고 균류학자인 칼베트의 이미지에 어울리는 버섯 모양을 조각했다. 설교단 위에는 여러 가지 과일 조각과 풍요의 뿔을 상징하는 산양(아말테이아)의 뿔까지 조각했다. 건물 상단에는 칼베트 가의 수호성인 히네스를 비롯한 성자의 두상 조각을 장식하여 건축주의 개성과 권위를 동시에 표현했다.

사람은 누구나 자기 자신에게 제일 많은 관심과 애정을 가지고 있다는 것을 알고 있던 가우디는 항상 건축주의 취미와 개성과 야망에 부합하는 디자인을 발견하기 위해 노력했다. 가우디는 건물을 디자인할 때 항상 입면과 공간속에 건축주의 특징을 구조와 장식과 조각으로 새겼다. 카사 칼베트의 건축주는 매일 자신의 얼굴을 쳐다보듯이 건물의 입면을 보면서 들어갈 것이다. 특히 자신의 권위를 상징하는 설교대가 도드라진 전면을 보면서 집에 들어가는 건축주의 만족감은 특별할 것이다.

 카사 칼베트의 진정한 아름다움은 정문, 현관에 이어 특별히 제작된 가구의 세심한 장식에 이르기까지 일관된 스토리에 따라 꾸며진 공간에 있다. 시원한 샘물이 흘러나오는 현관의 분수는 이슬람 전통이지만 바르셀로나 귀족들의 전통으로 정착한 것이다. 유목민들이 기도하기 전 손발을 씻기 위한 용도로 만들어진 분수는 실내외 공간을 분리하는 심리적인 경계선으로 가톨릭 문화의 일부로 편입되었다.
 2층으로 동선을 분배하는 엘리베이터 홀 앞에서 서면 나선형의 돌기둥 위에 이슬람식 아치를 볼 수 있다. 고급스럽게 디자인된 스틸 장식의 엘리베이터 문양은 마치 천상으로 이끄는 마차처럼 상상력을 자극하고 있다. 엘리베이터와 계단을 감싸며 화려하게 장식된 아치에는 포도를 상징하는 릴리프가 조각되어 있다. 물결치듯 나선형으로 구비치며 위로 흐르는 돌기둥은 바르셀로나의 직물수공에서 사용되던 나

• 위 / 올려다본 카사 칼베트.
• 가운데 / 카사 칼베트 2층 돌출 설교대(트리뷴)와 난간.
• 아래 왼쪽 / 2층 돌출 설교대 하부. 카탈루냐 문장이 달린 아치의 머릿돌.
• 아래 오른쪽 / 2층 돌출 설교대의 전경. 풍요를 상징하는 장식을 받들고 있다.

스페인은
가우디다

160

무 실패를 본떠 만든 것이다. 구조적인 힘을 지지하는 기둥에 리듬을 첨가하여 실내 공간에 감정을 이입했다.

　기둥과 벽과 스틸 장식과 아치 구조들의 하모니에 정신을 놓을 즈음 화려한 청색 타일이 계단 벽면을 따라 상승하며 신화를 이야기하고 있다. 낭만적인 줄에 매달려 있는 바로크식 승강기는 칼베트 미망인을 위해 특별히 가우디가 직접 제작했다.

　1층의 가구들은 가우디가 가시나무로 손수 제작했다. 의자와 책상과 거울 들은 모두 독창적인 장식으로 하나같이 곡선 형태다. 가우디의 거친 손길이 거쳐간 정감이 시간의 침묵 속에 아련하게 새겨져 있다. 2층에 들어서는 순간 초목과 수많은 바위로 이루어진 세부 장식들이 이상세계에 발을 들여놓은 느낌을 자아낸다. 버섯을 좋아하는 칼베트를 기억하기 위하여 숲속을 거닐듯 복도를 장식했다. 문 구멍, 통풍 격자망, 손잡이 같은 부속품에 이르기까지 가우디의 거친 손길을 거친 시간을 전시하고 있다.

• 카사 칼베트 실내.

　카사 칼베트는 단순히

기능적인 주거 공간이 아니라 추억의 회상하는 꿈의 공간이다. 현관, 계단, 엘리베이터를 지나 복도로 이어지는 일련의 공간들이 잘 짜인 시나리오처럼 서정적으로 연출되어 상상력을 자극하고 있다. 이것은 집은 작은 우주라는 평소 가우디의 믿음을 실천한 것이다. 집은 단순히 잠자고 쉬는 장소가 아니라 가족과 사랑을 나누고 지난 기억을 추억하고 미래를 준비하는 공간이다. 가우디 영혼의 안식을 노래하는 한 편의 서사시가 카사 칼베트라 믿었다.

• 곡선으로 조각된 가우디의 벤치.

벨예스구아르드 저택
Bellesguard

오페라의 유령

◎ 가우디는 지중해가 한눈에 내려다보이는 티비다보 산줄기에 벨예스구아르드 저택을 지어달라는 제안을 받았다. 오늘날은 벨예스구아르드 뒤로 콜세로야 공원 산허리를 자르며 론다 데 알트 신작로가 나 있지만 1900년 초만 하더라도 벨예스구아르드 저택 옆으로 베렌 강이 흐르고 뒤로는 아름다운 티비다보 산이 병풍처럼 펼쳐져 있었다.

100년이 흐른 지금도 벨예스구아르드가 산허리에 꼿꼿하게 서 있을 수 있는 것은 대지의 역사와 전설을 고스란히 담고 있기 때문이다. 아바트 올리바 대학이 대지 상부 녹지축을 잘라먹었지만 아름다운 전망을 그대로 간직하고 있는 벨예스구아르드 저택의 1908년도 사진을 보면 마치 성벽 위의 망루처럼 위풍당당한 모습을 볼 수 있다. 경사지를 평지로 만들기 위해 가우디는 거대한 버섯 모양의 아케이드 축대로

• 벨예스구아르드 전경.

• 축대 위의 벨예스구아르드. 가우디는 육교를 만들어 길을 조정했다.

대지를 감쌌다. 구엘 공원의 축대와 그 형태와 축조 방법이 비슷하다. 지금 벨예스구아르드 저택의 좌측엔 자동차가 다니는 신작로가 시원하게 뚫렸지만 그 당시 구름다리의 단아한 모습은 여전하다.

가우디는 구름다리를 만드는 공사비를 절약하기 위해 먼저 빈 주형을 만들어놓고 그 속에 잡석을 한 겹 깔고 석회 모르타르를 부어넣고 다시 잡석을 깔고 모르타르를 부어 넣는 식의 반영구적인 공사 방법을 개발했다. 주변에 흩어진 잡석을 재활용하여 저렴한 비용으로 공사를 진행했다. 시멘트 모르타르는 빨리 굳지만 세월이 지나면 강도가 떨어지는 단점이 있다. 반면에 석회 모르타르는 천천히 굳지만 시간이 흐를수록 강도가 커진다. 가우디는 그 장점을 이용하여 구름다리를 축조했다.

벨예스구아르드는 '아름다운 풍광'이라는 뜻으로 이 이름에는 애틋

하고 역사적인 사연이 담겨 있다. 15세기 카탈루냐 왕국의 초대 왕 마르틴 1세가 지은 화려한 궁전 벨예스구아르드는 아름다운 왕비와 신혼의 밀애를 보냈던 공간이었다. 동시에 카탈루냐의 무사 계급이 가톨릭을 수호하기 위해 싸웠던 역사를 간직한 신비로운 장소이다.

신은 애석하게도 마르틴 1세와 왕비에게 단 6개월의 행복한 시간만 허락했다. 아름다운 왕비 벨예스구아르드만 지상에 홀로 남겨놓고 왕은 하늘로 떠나버렸다. 밤낮을 슬픔으로 지새우던 왕비에게 벨예스구아르드의 멋진 풍광은 이제 아무 쓸모가 없었다. 슬픔을 이기지 못한 왕비는 어느 날 아름다운 궁전을 떠나 수도원으로 들어가버렸다. 그리고 다시는 세상에 나오지 않았지만 벨예스구아르드 왕비의 애절한 이야기는 바르셀로나의 전설이 되었다.

그 후로 몇 번의 주인이 바뀐 다음, 특산품 가게를 운영하는 도냐 마리아 미망인이 가우디에게 설계를 의뢰했다. 흥미로운 점은 매매 계약서에 서명을 한 사람이 가우디

- 위 / 벨예스구아르드를 지칭하는 알파벳 글자 장식.
- 아래 / 이중 뾰족 아치 란세트 창. 긴 창문이 아름답게 분절되어 있다.

©Josep Bracons

라는 것이다. 글자를 모르는 마리아 부인을 대신하여 가우디가 서명을 했다고 전해진다. 가우디는 벨예스구아르드를 현실의 공간에 부활시키기 위해 그 장소가 간직한 역사와 전설보다 더 좋은 상상력의 도구는 없다고 믿었다.

중세 이래로 남아 있는 외벽의 일부와 붕괴 직전의 2개의 탑에서 영감을 받은 가우디는 이곳이 중세 카탈루냐 왕가의 성터라는 점을 기억해 냈다. 그리고 고딕 양식과 벨예스구아르드의 역사와 전설을 융합하여 새로운 시대의 건물로 재현했다. 건물의 네 모서리는 중세 왕권을 상징하듯 정확하게 동서남북의 방위에 맞추어 앉혔다. 미망인은 그저 평범한 별장을 지어달라고 부탁했지만 가우디는 마르틴 1세의 정신이 깃든 상상 속의 건물을 구상했다. 폐허가 된 성벽을 복구하듯 버섯 모양의 축대를 쌓고 그 위의 반원형의 아치와 정점이 뾰족한 아치 모양의 란세트 창문, 첨탑 형태의 높은 탑을 가진 화강암 요새를 중세 고딕 양식으로 지었다.

건물 전체 입면에서 뿜어져 나오는 이미지는 이슬람 건축 양식과 중세 그리스도 성체의 분위기가 조화를 이룬 이슬람 성체 이슨(hisn)에 영감을 받았다. 건물만 감상하는 것은 대지가 간직한 대서사시의 극히 일부만을 읽는 것과 같다. 구름다리 위에 당당하게 서 있는 건물은 수평기단 부위에 떠 있는 거대한 함선처럼 대지의 뿌리를 허리에 두르고

- 위 / 옥탑 2층의 창, 벨예스구아르드의 눈처럼 보인다.
- 가운데 / 옥탑 1층의 내부.
- 아래 / 현대적으로 잘 가꾸어놓은 벨예스구아르드의 구름다리.

자유롭게 떠 있다. 성 테레사 학원처럼 잡석을 이용하여 수수하게 외벽을 꾸몄지만 창문을 따라 난 복도에는 고딕 건축에서 주로 쓰는 천장이나 처마에 두르는 돌림띠 장식인 코니스(cornice, 돌출 처마)로 전설의 중세 공간을 묘사했다. 외관은 평범하지만 건물 내부 장식은 원기둥과 아치 창호와 둥근 아치 천장을 모두 흰 회반죽으로 마감하여 왕비의 흰 살결처럼 하늘거리는 고결함을 나타냈다.

주출입구 상부 계단에는 이슬람식 3중 아치 창호 안에 녹색과 보라색과 노란색으로 별을 그려 넣은 스테인드글라스가 우아한 벨예스구아르드 왕비의 채취를 대신했다. 탑 윗부분에 나선형으로 카탈루냐 문장을 넣고 그 위에 왕관을 설치하여 과거의 영광을 재현했다. 중앙 8각형 스테인드글라스의 별은 남서쪽의 금성, 즉 사랑의 여신이다. 다시 말해 벨예스구아

• 이슬람 정원풍의 녹색과 보라색 타일 장식.

르드를 의미하고 있다.

 종이처럼 얇은 벽돌을 쌓아서 마치 동물의 사체 속으로 유람하는 듯한 다락방의 지붕 구조는 벽돌로 만든 숲을 연상시킨다. 마치 우산살처럼 속이 훤히 올려다보이는 구조는 무너질 것처럼 위태롭지만 전체적으로 거대한 신비의 원시성을 간직한 채 구조미를 뿜어내고 있다.

 벨예스구아르드는 15세기 왕과 왕비가 사랑을 나누었던 전설의 공간을 아름다운 풍경의 보자기 속에 동화처럼 옮겨놓았다. 다정하게 산책하며 걸어가는 왕과 왕비의 우아한 모습이 시처럼 얼어버린 벨예스구아르드는 아름다운 풍광에 안긴 한 폭의 오페라 무대다. 중세의 성을 상징하는 돌로 만든 요새풍의 궁전과 몽환적인 백치미의 부드러운 곡선의 내부 공간은 그 자체로 왕과 왕비의 사랑을 떠올리게 한다.

· 출입구 상부 계단에 설치된 스테인드글라스 중앙의 8각형 별.
©Josep Bracons

구엘 공원
Parque Guell

가우디의 마지막 도전

구엘 공원은 구엘이 만년에 지닌 최후의 꿈을 실현시켜주기 위한 가우디의 마지막 도전이었다. 1898년 미·서 전쟁 패배는 스페인으로 향하는 무역선의 단절을 의미했다. 이후 스페인은 세계대국의 날개를 접고 좌절의 깊은 수렁으로 빠져들었다. 미·서 전쟁 패배 이후 스페인 제국의 참모습을 찾기 위한 지성인들의 모임이 바르셀로나에 생겨났다. 98세대로 불리는 이들은 해골만 남은 스페인의 참모습을 발견하기 위해 문화와 역사를 다시 고찰하며 상처 난 자존심을 세우려 안간힘을 쓰고 있었다.

구엘 역시 여유 자금을 투자할 곳을 찾지 못해 방황하고 있었다. 영국 여행에서 돌아온 구엘은 곧바로 그라시아 지구 위쪽인 몬타냐 벨라다(벌거벗은 산)에 있는 농장을 사들였다. 구엘은 사업가답게 바르셀로나의 전경이 한눈에 들어오는 산허리에 다양한 부대시설을 갖춘 최고급 전원주택을 지어 신흥재벌들에게 분양할 꿈을 품었다. 구엘은 가우디의 창의성에 자신의 사업 구상을 융합하면 훌륭한 작품을 만들어낼 수 있으리라 확신했다. 구엘은 프랑스 남부의 퐁텐느 공원과 영국의 세인트 제임스파크, 하이드파크와 같은 공원 속의 주택단지를 방문하고서 새로운 시대의 주거 개념을 바르셀로나에 도입하고자 시도했다.

가우디에게 집합주거계획을 진행한 경험은 없었지만 마타로 노동자조합 주택단지를 만들면서 부족한 예산과 대지 여건을 극복하며 자신의 아이디어를 이미 실현했다. 현장을 돌아본 가우디는 생각했던 것보다 대지경사가 심하여 집을 짓기에 부적절하다는 것을 확인했다. 심한 경사뿐만 아니라 해발 200여 미터에 달하는 산등성이의 굴곡이 너무 심했다. 오늘날 아파트를 짓듯이 산허리에 성곽처럼 축대를 쌓아놓고 산을 절개하여 집을 지을 수도 있었지만 가우디는 자연의 골격을 살리고 싶었다. 부지의 자연 지문을 면밀히 조사한 가우디는 대지를 300평 정도의 서로 다른 높이로 60개 지역으로 나누었다. 자연적인 등고선을 최대한 살리면서 길과 다리로 퍼즐 조각처럼 나뉜 대지를 연결하려고 했다. 가우디는 친환경적인 최신 공법을 19세기 말에 채택하여 이상적인 전원도시를 실현시키고자 한 것이다.

"예술가는 작품을 만드는 데 도움이 될 자연을 찾아내어 창조주와 협력하는 것뿐이다"라고 가우디는 항상 입버릇처럼 떠들었다. 가우디에게 디자인이란 창조가 아니라 하나의 발견일 뿐이었다. 실제로 가우디는 직선보다 곡선을 즐겨 사용했고 동물이나 식물의 문양을 자주 사

• 신전에서 바라본 구엘 공원 정문. 좌측은 수위실, 우측은 사무실.

용했다. 자연에 존재하는 것은 직선이 아니라 곡선이라고 믿었기 때문이다. 도시 가로변의 작은 대지에 지은 카사 칼베트나 적은 비용으로 지은 성 테레사 학원, 성벽 위의 벨예스구아르드는 어쩔 수 없이 직사각형의 형태로 지었지만 내부 공간에는 부드러운 곡선을 사용하여 자연의 채취를 공간에 불어넣었다.

거미줄처럼 엉클어진 도면을 들고 가우디는 우선 등고선을 따라 산허리에 오솔길을 뚫었다. 움푹 들어간 곳은 메우지 않고 그 위에 다리를 놓거나 건물을 세워 옥상을 평평한 마당으로 편입했다. 기복이 심하고 바위와 동굴이 많은 지형의 특징을 살려내기 위해 현장 제작이 가능한 아치 구조를 개발했다. 아치 천장 위에는 파낸 흙을 얹고 아치 외부 재료는 현장에서 나오는 잡석을 사용했다. 산허리를 감싸고 이어지는 축대와 다리 아래는 굴곡진 아치 산책길(프롬네이드)이 지형을 따라 아름답게 태어났다. 가우디는 공원 안에서 모든 생활이 가능한 초현대식의 복합 문화단지를 중심과 세포를 가진 생명체로 구상했다. 벨예스구아르드의 구름다리를 시공한 경험은 곧바로 구엘 공원의 경사진 대지에서 산책길로 발전했다.

모듈화 시스템을 도입하여 공사비와 시간을 절약하는 프리캐스트 공법을 1세기 전에 실험한 가우디는 복잡한 형태를 조각조각 해체하여 조립 가능하게 조율했다. 외부에서 제작된 단순한 조각들을 조립하여 복잡한 다리와 아치를 만들었다. 복잡한 구조의 건축물을 단순하게 조립할 수 있는 디테일의 힘은 기하학에서 나왔다. 복잡한 구조를 단순한 알고리즘의 고리로 해체하는 현대 건축공법을 19세기 말 가우디는 이미 시행하고 있었다.

각각의 레벨에 따라 길을 내고 대지를 구획정리한 가우디는 소나무를 비롯한 각종 수목과 자생식물을 심어 원래의 숲을 복구했다. 그다음 대지의 중심 계곡에 도리스식 신전으로 묘사되는 실내 시장을 만들었다. 대지의 중심 시장이자 아고라의 실내 공간은 하부동선과 상부동선의 정거장으로 기능하고 상부 오픈스페이스는 단지 전체의 마당으로 치환했다.

대지의 치명적인 약점을 강점으로 치환하는 순간 구엘 공원의 창조적인 독창성은 신화의 용처럼 산허리를 타고 날아올랐다. 손을 뒤집듯이 단점을 장점으로 바꾸는 것은 결코 쉽지 않다. 가우디는 마치 자신의 인생을 뒤집기하듯이 구엘 공원을 천상의 공간으로 조각했다. 신전

을 중심으로 공원 전체의 유기적인 활동이 신화와 전설처럼 작동했다. 벨예스구아르드의 옥상으로 올라가는 좁은 산책길의 긴장감은 구엘 공원에서 확장되어 신전으로 모이고 다시 하늘마당으로 고조시켜 지중해의 푸른 바다를 선물했다. 예상 밖의 극적인 공간의 개방과 확대와 축소는 가우디만의 마술이다.

   신화의 물줄기를 따라 한 발 한 발 하늘로 다가서는 설렘과 호기심은 마침내 상상력의 폭발로 이어진다. 건축은 단순히 편리함을 선물하는 기능적인 박스가 아니라 사고의 틀을 부수고 확장하고 전환하여 지금까지 존재하지 않았던 체험을 선물하는 상상력의 보물 상자임을 구엘 공원은 보여주고 있다. 신전의 지붕이 천상의 마당으로 바뀌는 순간 펼쳐지는 지중해와 바르셀로나의 전경은 가우디의 상상력이 빚은 선물이다. 신전의 열주를 품고 옥상으로 오르는 계단은 가우디의 상상력이 천국으로 오르는 여정이다. 헐벗고 경사진 산자락을 이상세계로 바꾼 가우디는 인간의 한계를 극복했다.

  뜻밖의 풍경을 품고 있는 구엘 공원은 끊임없이 인간의 위치와 방향과 높이를 조정하며 시간 위로 흐르는 빛의 파편으로 자연을 조각하고 있다. 상상력의 극단을 시험하는 구엘 공원은 가우디가 상상력의 편린으로 빚어낸 천상의 조각들이다.

  원색의 구엘 공원 담장에 쓰여 진 구엘 공원(Park Guell)이라는 세라믹 영문 표기가 없다면 어린이 놀이터라고 착각할지도 모른다. 정문 양쪽에 서 있는 2동의 파빌리온은 동화 속에 나오는 헨젤과 크레텔이 마치 어릿광대의 모습을 하고 인사하는 것 같다. 오른쪽 파빌리온은 수위실 건물이며 좌측은 방문객용 대합실이 있는 사무실이며 쌍곡선 형태의 고깔을 말아 올려 그 꼭대기에 동서남북을 가리키는 입체 십자가를 세웠다. 건물이라기보다 동화 속의 요술 궁전처럼 똬리를 튼 뱀이 유려하게 꼬리를 틀며 묘한 자태를 뽐내고 있는 파빌리온은 보는 이의 상상력에 따라 그 모습을 갈아치운다.

• 카탈루냐 문장 속에 뱀의 머리가 돌출한 타일 원반 장식.

  대문을 들어서면 마당이 나오

- 구엘 공원 전면. 신전의 가슴에 카탈루냐 전설이 서린 계단이 안겨 있는 형상이다.

고 우측에는 지하 성당이 담벼락에 기대어 동굴처럼 발길을 유혹하고 있지만 시선은 곧바로 중앙 계단을 향하여 하늘로 솟아오른다. 여신의 가슴 사이로 난 두 갈래의 상승 계단이 포옹하는 지점에 청색의 원반이 나타나고, 그 위로 도리아식 육중한 기둥이 천상의 테라스를 이고 서 푸른 하늘을 마중하고 있다. 트렌카디스 기법의 화려한 바로크 양식의 장식들이 빛과 어울려 경계선을 지우며 은은한 파스텔 물감을 풀어놓은 듯 신비로움을 조각했다. 빛과 색과 형상의 조화는 르네상스 양식에서 바로크 양식으로 강물처럼 흐르며 그 어떤 형식에도 얽매이지 않으며 자유롭게 굽이친다.

신전으로 향하는 계단은 대지의 여신 가이아의 부푼 가슴 사이를 파고드는 우라노스의 엉큼한 손길처럼 신전의 입면에 놓여 있다. 마치 제사장이 신전에 오르는 의식을 치르듯이 수직으로 상승하는 계단에는 각각의 의미를 싣고서 각 공간마다 신성을 조각하고 있다. 그 위로 하나로 동선이 모아지는 지점에 카탈루냐 국기를 목에 걸고 입으로 물을 뿜고 있는 원반이 나타난다.

조금 더 올라가면 선명한 색채의 퓨톤이 도마뱀 형상으로 대지를 박차고 일어나 지중해로 막 걸어가고 있는 모습이다. 퓨톤은 델피 신전의 옴파로스에 있는 지하수의 수호신을 의미한다. 퓨톤의 입에서 흘러나오는 물은 신전 밑에 저장된 저수조의 물이다. 신전이 떠받치고 있는 지붕에 떨어지는 빗물과 지하수가 신전의 원 기둥으로 흘러들어 지하 물 저장고로 모여든다. 이 물은 퓨톤과 용의 입을 거쳐 바르셀로나를 적시고 세상의 중심인 지중해로 흘러들어간다.

알람브라 궁전에서 무어인들이 실험한 기술을 응용하여 100년 전에 가우디는 배수, 정수, 저수의 과정으로 집약한 자연친화적인 집수 시스템을 개발했다.

가우디는 도마뱀의 형태를 연상시키는 커다란 방추형의 철망을 만들어놓고 그 위에 뛰어올라가 사실적인 퓨톤의 모양이 날 때까지 밟았다. 그다음 현장에서 나온 돌을 철망 속에 집어넣고 마지막으로 조각난 타일을 무늬별로 씌웠다. 퓨톤 위로 오르면 계단은 다신 분리되며 웅장한 그리스 신전을 감싸듯 상승한다. 그리

• 지하수의 수호신을 상징하는 퓨톤 형상. 도마뱀처럼 보인다.

• 아고라(시장)의 천장 타일 모자이크.

　스 극장이라고 묘사한 반쯤 열린 실내 공간이 도리아식 육중한 기둥의 숲속에 안겨 있다. 기둥의 하부는 타일을 두른 원형이지만 상부는 8각의 주름이 수직으로 상승하며 화반 위로 구름 천장을 받치고 있다.

　바르셀로나의 부흥을 바랐던 구엘의 꿈과 가우디의 상상력이 이 신전 속에 꿈틀거리고 있다. 86개의 원기둥 중에서 지중해를 향한 쪽의 외곽 기둥머리를 도리스식으로 장식해 만든 돌출 처마들이 그리스의 이상향을 품고 바르셀로나를 굽어보고 있다. 처마 끝에 수평돌출 띠 장식이 들어간 바깥쪽 기둥은 안쪽으로 살짝 기울어져 착시 효과를 통해 안정감을 해결하는 세심함까지 숨겨두었다.

　신전을 한 바퀴 돌고 나서 우측 처마를 따라 난 계단을 타고 오르면 마침내 무릉도원에 도달한다. 예상치 못한 거대한 마당을 품고 있는

- 위 / 86개의 도리스식 열주가 서 있는 아고라.
- 가운데 / 시장 상부 광장 주변을 둘러싸고 있는 유선형의 벤치.
- 아래 / 트렌카디스 기법의 타일 장식으로 마무리된 가우디의 유선형 벤치.

녹음이 성모의 품처럼 아늑하게 다가왔다. 고개를 돌리는 순간 발아래 바르셀로나의 황금 들판부터 멀리 지중해의 수평선까지의 풍경 펼쳐지며 하늘을 마중하고 있다.

마당이 바르셀로나 평원에 달처럼 걸리는 지점에 가우디의 시적 감수성으로 흔들리는 곡선 벤치가 비상하는 용의 날개처럼 허공에서 구비 친다. 바르셀로나의 스카이라인을 조정하며 바람처럼 흐르는 벤치는 구엘 공원의 능선을 수평으로 자르며 비상했다. 천상의 공원, 구엘 공원은 마술 조각처럼 보이지만 치밀하게 계산된 부품들로 완벽하게 조립되어 있다. 가우디의 건물은 단순하지만 복잡하고, 복잡하지만 단순하게 보이는 것은 누구나가 조작할 수 있는 보편적인 디테일로 구성되어 있기 때문이다.

가우디는 평범한 일꾼들조차 일사분란하게 협동하여 공사를 할 수 있도록 일정한 퍼즐 조각으로 분해와 조립이 가능하도록 디테일을 처리했다. 가우디는 평생 합리적인 블록으로 상상력의 공간을 마음껏 조립한 근대의 마지막 장인이었다. 원색의 타일을 바닥에 떨어뜨려서 깨진 조각으로 숨은 그림 찾기 하 듯 다시 붙이는 트렌카디스 기법은 엄격한 사실성의 해체를 의미한다. 빛에 산란하며 수만 가지 색깔로 발산하는 변화무쌍한 타일의 추상화는 보는 이의 마음에 따라 상상력의 꽃으로 피어난다.

평생 독신으로 지낸 가우디는 구엘 공원의 덤불 속에서 청춘남녀들이 사랑을 나누는 광경을 보기 싫어했다고 전해진다. 하지만 아이러니컬하게도 오늘날 구엘 공원은 청춘남녀들이 사랑을 속삭이는 에덴동

• 경사 기둥으로 둘러싸인 산책길.

산으로 변모했다. 나선형 경사 기둥이 아치를 물고 춤추는 산책길에서는 빛과 그림자가 숨바꼭질하며 연인의 가슴에 사랑의 불을 지피고 있다. 갖가지 형태로 경사 지형을 따라 흐르는 산책길은 지중해의 미소 아래 서로 포옹하며 키스하는 젊은 연인들의 사랑을 지중해 파도의 포말처럼 형형색색으로 물들이고 있다.

• 외벽 담장에 장식된 Park Guell 타일 장식.

구엘 공원은 3막으로 이루어진 오페라 무대다. 그리스 신전으로 이르는 도입부는 박진감 있게 흐르는 오페라의 서막이다. 신전 우측의 경사길을 따라 마침내 오른 천상의 마당은 2막으로 멀리 보이는 숲의 산책길과 지중해와 바르셀로나의 수평선을 조각하며 자유의 날개를 달아준다. 마지막 산허리를 가르며 이리저리 달려가는 산책길은 3막이다. 산과 인간과 나무와 돌과 바람이 하나로 융합하여 조각한 산책길은 환상적으로 사랑을 노래하고 있다.

가우디는 1906년 구엘 공원에 지은 집으로 옮겨와 아버지와 조카인 로사와 함께 살았다. 가우디는 구엘 공원의 작업에 매달려 살았지만 항상 가족의 품에 안겨 있었다. 그러나 사랑은 가우디를 너그럽게 기다려주지 않았다. 구엘 공원으로 이사를 온 지 1년이 채 지나지 않아 아버지는 가우디의 곁을 떠나가버렸다. 어린 시절, 가우디의 꿈을 위해 마지막 남은 재산마저 처분했던 아버지였다. 알코올 중독자인 조카 로사와 가우디는 외롭게 가족의 끈을 유지하고 있었다.

• 경사벽과 기둥이 연출하는 몽환적인 산책길.

가우디는 옆집에 사는 어린 알폰소가 유일한 친구였다. 알폰소가 학교에서 돌아오면 함께 산책하며 오늘은 누구를 만났는지, 학교 공부는 어떠했는지 물어봤다. 사소한 일상이 가우디에게는 놀이였다. 자연의 아름다움을 발견하고 그것을 고집스럽게 건축 공간에 옮겨놓았던 가우디에게 알폰소의 동심은 자연의 미소였다. 일요일이면 함께 해안가까지 산책하고 콜럼버스 기념비를 돌아 고딕 지구를 지나 집으로 돌아왔다. 세례축일이나 생일잔치에 참석하고 나면 가우디는 항상 케이크나 과자를 알폰소에게 가져다주었다. 고집쟁이 은둔자로 낙인 찍힌 가우디의 심성 깊은 곳에는 아이처럼 때 묻지 않는 영혼이 남아 있었다.

구엘이 죽자 그의 아들은 곧바로 구엘 공원을 팔아버렸다. 미완의 악보로 남은 구엘 공원, 가우디가 다 채우지 못한 비밀의 선율은 그자체로 위대한 작품이 되었다. 반쯤 채우다 만 것인지, 일부러 반쯤 비워놓은 것인지는 신만이 아는 사실이지만 오늘도 관광객들은 가우디가 만들어놓은 비밀의 화원에서 자신만의 추억을 만끽하고 있다. 애초부터 인생은 상상력의 심지가 타 들어가는 곳까지만 인간의 영역이었다. 구엘 공원은 어쩌면 처음부터 부자를 위한 타운하우스가 되기에는 너무 아름다웠는지 모른다.

마요르카 대성당 복원

Restauracion Catedral de Mallorca

Antoni Gaudí

시대를 앞서가는 복원

안익태 선생의 제2의 고향으로 우리에게 알려져 있는 마요르카 섬은 발레아레스 제도의 관문으로 온난하고 맑고 쾌청한 날이 일 년에 300일 이상 지속되는 지중해의 낙원이다. 세계 젊은이들의 낙원인 이비사 섬이 지척에 있다. 비행기로는 마드리드에서 1시간, 바르셀로나에서 40분밖에 걸리지 않는 마요르카 섬은 유람선으로는 바르셀로나에서 8시간은 족히 걸리는 낭만의 섬이다.

스페인의 대표적인 휴양지 중의 하나인 마요르카 섬은 제주도의 약 2배 정도의 크기로 주도는 팔마이다. 바르셀로나와 같은 카탈루냐 지방에 속하는 팔마는 문화적으로는 바르셀로나와 맥을 같이하지만 역사적으로는 이슬람 문화에 흠뻑 젖어 있다. 1229년 이슬람교도로부터 마요르카를 탈환한 아라곤왕 하우메 1세는 이슬람교도들을 무참히 살해하고 1230년 승리를 기념하기 위해 풍광이 한눈에 내려다보이는 팔마시 언덕에 고딕 양식의 대성당을 짓기로 했다. 1601년에야 겨우 완공한 대성당은 길이 121미터, 폭 55미터에 달하는 대규모 건축물로 가장 높은 중앙내진부의 높이가 44미터에 이를 정도다. 19세기에 지진으로 성당의 일부가 손상을 입은 후 네오고딕 양식으로 입면을 다시 보수했다. 1912년 개축공사에 참여하게 된 가우디는 제단 위쪽에 드리워진 닫집 모양의 천개 장식과 왕의 예배당을 다시 만들었다.

마요르카 대성당은 바르셀로나의 해안가 리베라 지구의 산타 마리아 델 마르 성당과 비슷하다. 또한 팔마의 항구 모양도 바르셀로나와 비슷하다. 1899년 11월 20일 성가족 대성당에서 가우디와 캄핀스 주교의 역사적인 만남이 성사되었다. 젊은 가우디가 마요르카 대성당 복원공사를 맡아도 될 만한 인물인지 확인하는 자리였다. 주교의 흡족한 신임에도 불구하고 정작 가우디가 팔마를 방문한 것은 몇 년이 지난 1902년 3월이었다. 카탈루냐 문화재 복원 기회를 번번이 놓쳐버린 아쉬움으로 가우디는 대성당 복원공사에 흔쾌히 출사표를 던졌다.

가우디는 성가족 대성당의 수임을 받자마자 새로운 도면을 제출했듯이 도착한 지 3일도 지나지 않아 성직자위원회에 설계도면을 제출했다. 즐거운 마음으로 정리한 대부분의 아이디어들은 공사가 시작되기까지 1년 동안 묵혀야 했다. 가우디는 그 기간 동안 도면을 수정하고 공사 자재를 준비하고 작업 인부들을 구성하며 시간을 벌었다.

그는 마요르카 출신의 천재 작가인 라몬율이 쓴 저서를 읽으며 건축 개념부터 다시 손질했다. 라몬율은 특히 고대 유대 문화와 아랍 문화

©Cristian Bortes

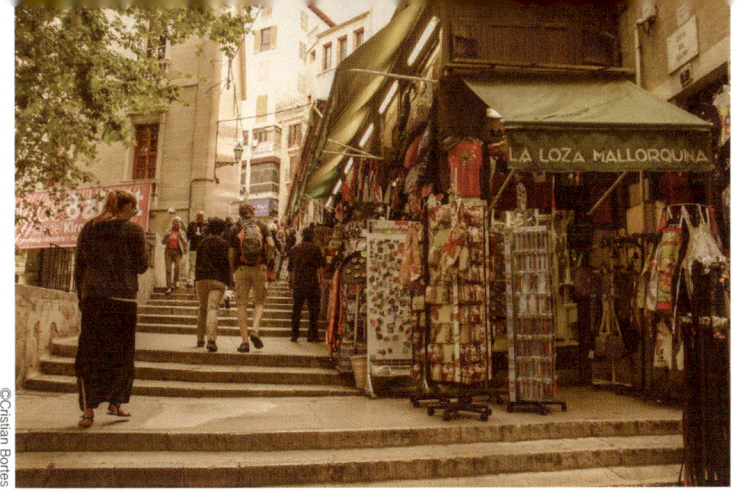

• 위 / 대성당으로 오르는 계단.
• 아래 / 팔마 거리 풍경. 중세 이슬람의 향수가 손에 잡힌다.

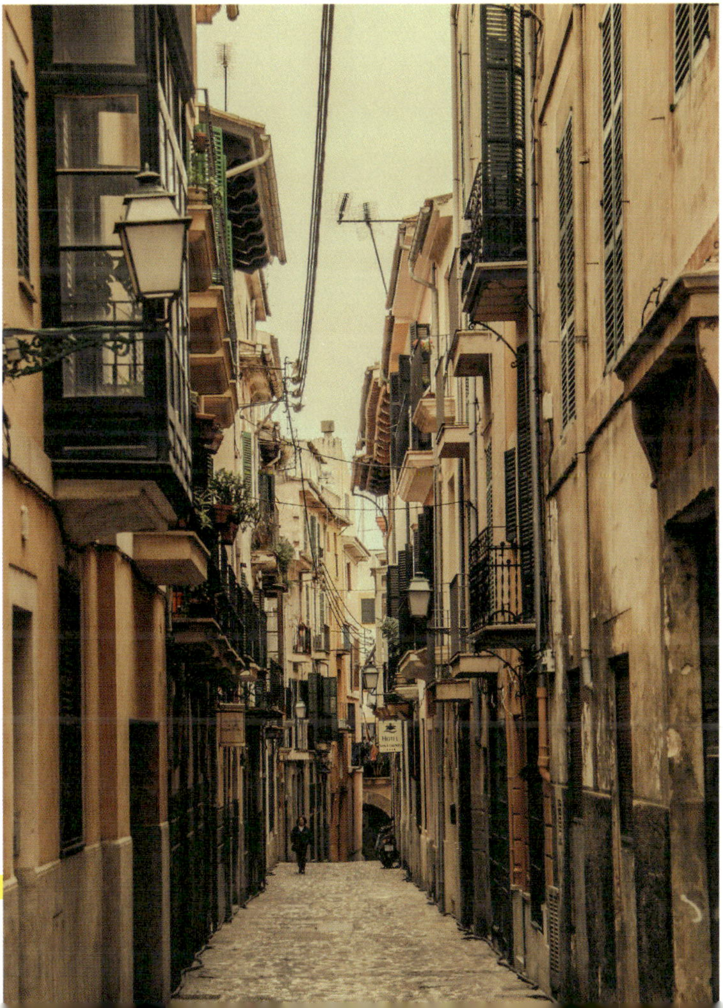

의 이해를 바탕으로 가톨릭 문화의 공생을 도모했다. 젊은 시절을 좌절을 딛고 일어나 자신의 분야에서 성공한 라몬율은 가우디의 마음을 움직였다. 라몬율은 고향 팔마에서 한 여인을 사랑했으나 그 여인이 유방암을 앓고 있다는 사실을 알고 난 뒤 열정적으로 가톨릭에 몰입했다. 사랑하는 여인에게 청혼했다가 이미 약혼한 남자가 있다는 사실을

• 마요르카 대성당 전경.

확인하고서 열정적으로 건축에 몰입한 가우디와 라몬율은 아픔을 공유하고 있었다.

그 당시 스페인 성당은 일반적으로 성가대석을 막아놓았다. 성가대 원석, 귀족석, 성당 소속 사제 순으로 정해진 위계 순서에 맞추어 앉게 되어 있었다. 가우디는 이 점에 대하여 의문을 제기했다. 20세기의 성

• 마요르카 대성당 제단의 상징인 천개가 멀리보이고 있다.

당은 더 이상 권위의 상징이 아니라 모든 사람이 공평하게 하느님의 사랑을 교감하는 만남의 공간이라 믿었다. 대중에게 열린 성당을 만들기 위해서 가장 먼저한 일은 막힌 성가대석을 허무는 일이었다. 다행히 전향적인 캄핀스 주교는 가우디의 진보적인 생각을 선뜻 받아주었다. 공간의 진정한 아름다움은 우아한 장식과 화려한 색을 쓴 재료가 아니라 그 공간을 사용하는 방식에 달려 있다.

　가우디는 귀족 중심의 바로크 성당을 민주적인 고딕 성당으로 바꾸는 혁명을 시도했다. 단순히 성가대석을 허무는 데 그친 것이 아니라 성가대석을 나누어 배치해서 일조량을 늘이는 등 세심한 주의를 기울였다. 제단 뒤에 있는 전형적인 바로크식 병풍을 뜯어내고 가려져 있던 14세기 고딕 양식을 복구했다. 그뿐만 아니라 마요르카의 역대 왕인 하우메 2세와 3세의 관이 안치되어 있는 삼위일체 예배실을 일반 신도들이 접근하기 용이하도록 개방했다. 이는 가우디의 천재성과 캄핀스 주교의 전향적인 결단이 만든 합작품이다. 가우디는 평소 소신에 따라 건물을 새롭게 꾸밀 때마다 시간의 흐름이 만들어놓은 위대한 유산이 무엇인지 먼저 파악했다.

가우디는 고딕 양식을 가려버린 바로크 양식을 새롭게 손질하기보다는 원래 성당 건물의 주인이었던 고딕 양식 본래의 모습으로 복구했다. 원작의 정신을 살려 질서 있게 형태를 복원하려는 자신의 평소 지론에 따라 바로크 장식을 뜯어내고 원래의 고딕 양식을 살려내기 위해 성당위원회 임원들을 설득했다. 우여곡절 끝에 1차 공사는 마무리되었지만 모든 사람이 가우디의 생각에 동의한 것은 아니었다. 시대를 앞

• 대성당 내부 설교대.

서가는 건축가의 생각을 받아들일 만큼 마요르카의 민심은 그렇게 녹록치 않았다.

　주 제단을 만드는 1차 공사는 1904년에 마쳤지만 2차 공사는 기약 없이 더디게 진행되었다. 공사 진행 과정의 마찰로 결국 가우디는 감독직을 사양하기에 이르렀다. 게다가 1915년 가우디의 든든한 후원자였던 캄핀스 주교마저 세상을 떠나자 나머지 공사는 기약 없이 깊은 수렁에 빠지고 말았다. 지금은 스테인드글라스를 통과한 빛으로 형언할 수 없는 자태를 뽐내고 있는 제단 상부의 천개 장식만이 홀로 빛나고 있을 뿐이다. 오늘날 마요르카 대성당을 찾는 사람들에게 7각형의 천개 장식은 마요르카 대성당의 존재 그 자체가 되어버렸다. 성가족 대성당의 천개 장식으로 다시 부활한 마요르카 천개 장식은 한 인간의 고결한 숨결이 고스란히 대성당의 영혼으로 자리 잡은 흔적이다.

==미완의 작품들==

Antoni Gaudí

꿈의 완성보다 미완의 길을 선택하다

◎ 가우디의 모든 작품 중에 유일하게 완성작으로 꼽고 있는 작품은 카사 밀라 정도라고 알려져 있다. 하지만 사실 카사 밀라도 성모 조각상만은 끝끝내 옥상에 올려놓지 못하고 공사를 마쳤다. 그의 작품들은 대부분 개축이나 공사를 끝까지 마무리하지 못한 미완의 작품들이다. 인간의 삶처럼 가우디의 모든 작품들은 미완성인 채로 끝났다. 언제 죽을지 아무도 모르며 미래를 향하여 걸어가고 있는 생명이 남긴 작품은 모두 미완의 작품이다.

지구상의 문명은 결코 영속한 적이 없다. 설사 지속되고 있더라도 그 속살은 끊임없이 소용돌이치며 변하고 있다. 그리스, 로마로 이어지던 화려한 문명은 중세 시대 기독교 문명에서 배척당하고 찢기고 버려졌다. 이교도인 이슬람 문명이 그리스·로마 문화를 양자로 받아들여 실용적인 학문으로, 과학으로, 의학으로, 건축으로 발전시켰다. 유럽은 스페인 이슬람 문명을 통하여 미개함을 깨우치고 십자군 전쟁을 거쳐 마침내 긴 잠에서 깨어났다. 스페인 이슬람 문명은 미완으로 끝났지만 800년간의 흔적을 스페인 문화 속에 남겨두고 홀연히 사라졌다.

레판토의 외팔이로 불리는 세르반테스는 레판토 해전에서 왼손을 잃고 스페인으로 돌아오다 터키 해적의 습격을 받아 알제리에서 5년 동안 기약 없는 포로 생활을 했다. 치욕적인 삶을 살아가던 그를 구제한 것은 삼위일체회 수도사들이었다. 스페인에 돌아와서도 불운한 삶은 끝나지 않고 그를 몰아붙였다. 투옥과 누명과 곤욕을 치르던 그 순간이 그가 왕성하게 집필을 하던 활동 기간과 겹쳐진다. 그는 극도로 빈곤한 시간동안 성경 다음으로 세계적으로 가장 많이 읽히고 있는 불후의 명작 『돈키호테』를 집필했다. 그의 불운한 삶은 끝이 아니라 돈키호테의 이상으로 다시 세상에 태어났다. 이상과 현실 사이에서 고민하고 방황하는 인간의 내면을 그보다 더 솔직하고 적나라하게 묘사한 작가는 없었다.

미완의 악보 구엘 공원에서 가우디는 직선의 빠른 길을 버리고 곡선의 길을 선택했다. 대지의 지문을 따라 60개의 작은 퍼즐 조각으로 나누고 각각의 특징을 살려 꿈같은 리듬의 주거단지를 상상했다. 15세기 이슬람 정신에 기대고, 21세기 현대적인 모듈 시스템을 개발하며 복잡함과 단순함의 경계선을 넘나들었지만 결국 그의 상상력은 현실의 바다를 완주하지 못했다. 시간이 만들어놓은 오래된 진실을 살려내기 위

• 가우디가 그린 구엘 성지 지하제실 스케치. 이후 성가족 대성당의 첨탑에 영향을 미쳤다.

해 고군분투한 마요르카 대성당의 보수 공사에서 시대를 앞서가는 가우디의 평등사상은 결국 현실의 마지막 문턱을 넘지 못하고 좌절했다. 그러나 세상은 그의 부러진 화살을 탓하지 않았다.

가우디의 꿈은 완성보다 더 값진 미완의 열정으로 우리 앞에 남아 있다. 인생은 누구나 각자 그리고 싶은 그림을 그리는 화가다. 누구의 인생이든, 인생이란 가우디의 삶처럼 넘어지고 지워지며 앞으로 날아가는 미완의 비행이다.

시대와 함께 유능한 예술가들이 자신들의 작품을 남기고 사라졌다.
그렇게 해서 아름다움은 빛을 발한다.

-안토니 가우디

4

바르셀로나의 성자

◎

가우디의 마지막 도전

해골 집, 카사 바트요
Casa Batllo

Antoni Gaudí

가우디의
자서전

바르셀로나 섬유업계 명문가인 조셉 바트요는 중세풍으로 개축하는 옆집을 지켜보다가 18세기에 지어진 자신의 집을 다시 고치고 싶은 욕망을 느꼈다. 야심만만한 바트요는 당시 유행하는 여러 양식을 혼합한 대저택을 짓기로 마음을 굳히고 건축가를 물색하기 시작했다.

당시의 명문가들은 변호사를 선임하듯 가문의 건축가를 두고 있었다. 이미 가문의 건축가인 빌라세카에게 여러 채의 집을 맡긴 경력이 있는 조셉은 이번만큼은 자신만의 독창적인 집을 짓고 싶었다. 돈과 권력을 갖춘 바트요의 야망을 채워줄 건축가로 자신만의 색깔과 무늬를 가진 가우디가 제격이었다. 옆집보다 더 특별한 집을 짓고 싶었던 바트요는 망설임 없이 가우디를 지목했다.

가우디의 작업실은 늘어난 일감과 조수들로 넘쳐났다. 현장을 다녀

가우디의
마지막 도전

• 카사 바트요를 올려다본 전경. 2층 카사 바트요의 권위를 상징하는 돌출 돌장식과 창이 인상적이다.

와서는 곧바로 다른 작업을 구상할 정도로 새로운 일들이 밀려 들어왔다. 일감에 함몰되어 좋은 작품을 남기지 못하는 건축가들이 많다. 그러나 그동안 수많은 시행착오를 거치며 살아온 가우디의 작품은 절정에 이르고 있었다.

• 바트요의 가족사진.

바르셀로나의 대표적인 쇼핑 거리인 그라시아 거리에 카사 바트요와 카사 밀라가 한 블록 비켜서서 서로 마주보며 관광객을 모으고 있다. 바르셀로나 올림픽을 계기로 산뜻하게 재정비된 워터프론터의 콜론 광장에서 카탈루냐 광장으로 이어주는 람블라스 거리와 디아고날 거리에서 직각으로 남으로 뻗어 있는 그라시아 거리는 카사 밀라와 카사 바트요 때문에 더 입소문을 타고서 타고서 쇼핑 관광의 대명사가 되었다.

카사 바트요를 지을 당시 바르셀로나의 명망 있는 건축가치고 그라시아 거리에 자신의 건물 하나 짓지 못한 사람은 건축계에 명함을 내밀 수 없을 지경이었다. 태생적으로 작품으로 모든 것을 말하고 싶은 건축가라면 누구나 화려한 쇼핑거리에 자신의 작품을 전시하고 싶어한다. 당시 그라시아 지구에 각자 개성을 뽐내고 있는 건물들을 부조화 지구라고 불렀을 정도로 건축가들의 전시장이었다. 바르셀로나 유명 건축가의 전시장 같은 그라시아 거리에는 도메네치가 지은 카사 예오 모레라, 엔릭 사니에르가 지은 카사 라몬 무예라스, 카사 보네트, 푸이

©Bert Kaufmann

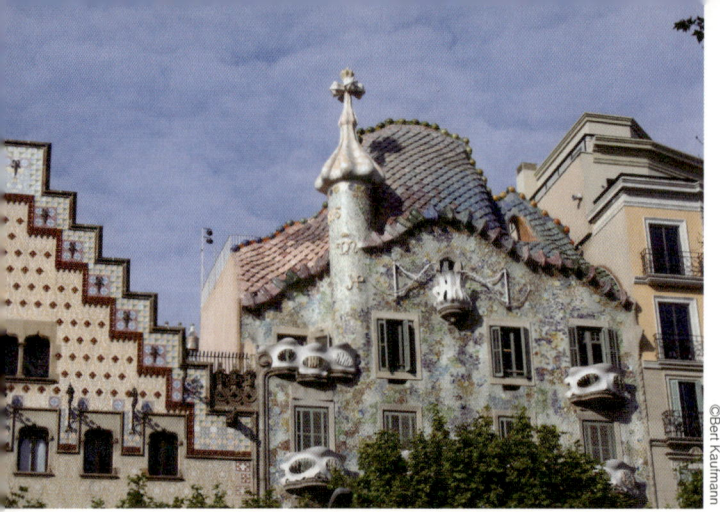

• 주변건물과 확연히 구별되는 카사 바트요 지붕.

• 내부 조명이 빛을 발하는 순간 가우디만의 독창적인 카사 바트요가 다시 태어나고 있다.

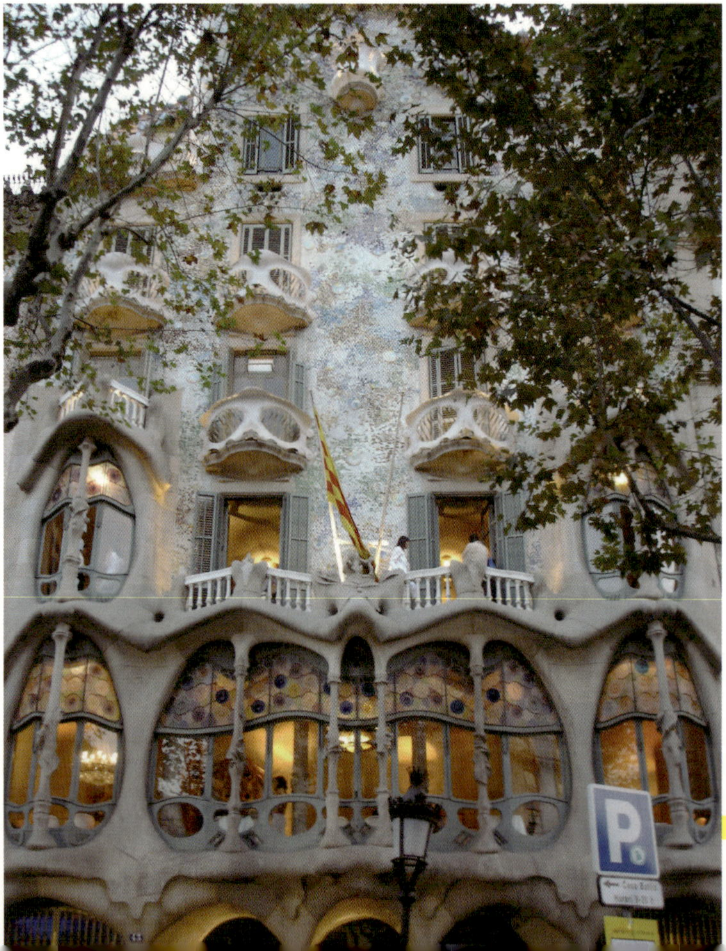

©claire rowland

그가 설계한 카사 아마트예르가 이미 자리를 차지하고 있었다. 바르셀로나에서 내로라 하는 조각가, 기술자들은 비롯한 각종 장인들이 그라시아 거리의 줄지어 있는 건물에 자신들의 온갖 기술들을 뽐내며 우아하게 장식한 전시물을 자랑하고 있었다.

가우디는 카사 바트요 좌측에 있는 신중세 양식의 카사 아마트 예르와 조화를 이루는 방법을 찾기 위해 고심했다. 그러나 가우디만의 양식으로 입면을 그려보았더니 옆 건물보다 지붕 머리가 더 솟아났다. 할 수 없이 가우디는 옥탑의 높이를 한 단계 낮추고 옆 건물과 높이를 맞추기 위해 옆집과 비슷하게 파라펫 높이를 낮추었다. 그 뒤, 카사 바트요의 돌출한 중앙 머리 부분을 해결하기 위해 고민했다. 가우디는 물결치는 파도의 머리처럼 자연스럽게 파라펫의 선형이 옥탑 상부로 흐르며 곡선으로 옆집과 어깨높이를 맞추었다.

대부분의 건축가들이 당시 유행하는 신고전주의 양식을 따르고 있을 때 가우디는 신화의 이미지를 등에 업고 자신만의 스토리가 담긴 이상세계를 건축 공간에 실현했다. 도로에 접한 가로 면이 짧고 옆 건물과의 경계선이 긴 직사각형의 대지 위에 박스를 포개듯 천편일률적인 건축물이 넘쳐날 때, 가우디는 신화의 상징성을 응용하여 좁은 입면을 상상력의 요술 궁전으로 조각했다. 카사 바트요에서 직선은 찾아보기 힘들다. 형형색색의 타일을 비늘처럼 두르고 알 수 없는 표정을 짓고 있는 이 건물은 신화를 뒤집어쓰고 있다. 지붕과 벽이 만나는 지점에는 파도가 부서지는 주름을 넣어서 지루한 입면에 변화무쌍한 포

• 2층 거실 실내.

인트를 주었다.

　7층 높이의 건물 입면에 잔뜩 꽃가루를 뿌려놓은 것 같은 원색의 세라믹 타일 바탕에 차가운 몬주익 사암의 발코니가 해골 모양으로 익살스러운 표정을 짓고 있다. 거대한 용이 잡아먹은 희생물의 잔해들인 해골과 뼈가 발코니 난간과 기둥에 새겨져 있다. 지붕 위로 우뚝 솟아오른 머리 부분의 곡면 타일 바탕에 마치 거대한 용의 표피 위로 멋을 부린 성인의 투구와 창을 상징하는 십자가가 굽어보고 있다.

　카사 바트요는 가우디 건축 인생의 전환기적인 작품이다. 이 작품은 마요르카 대성당의 복원 공사와는 전혀 다른 자유로운 리노베이션(개보수) 작품이다. 1층과 2층과 3층에서 6층 그리고 옥탑층의 디자인은 서로 다르지만 전체적으로 신화적인 전설을 엮어내는 연극의 대본처럼 잘 짜여 있다. 1층 진입구는 좌우대칭 구조의 좌측에 있으며 공룡

• 유려한 곡선미가 돋보이는 식당(1927년 사진).

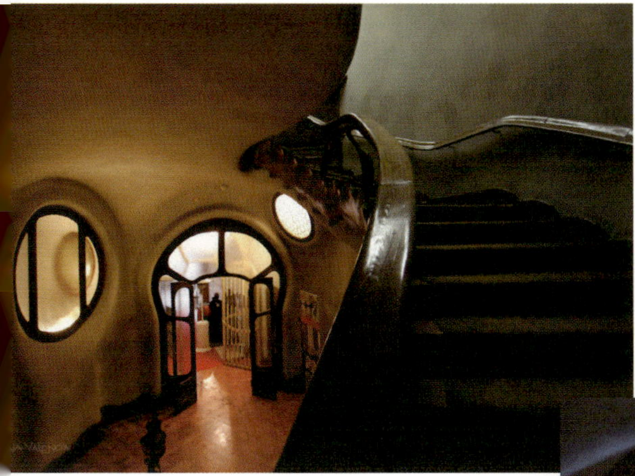

©Cristina Valencia

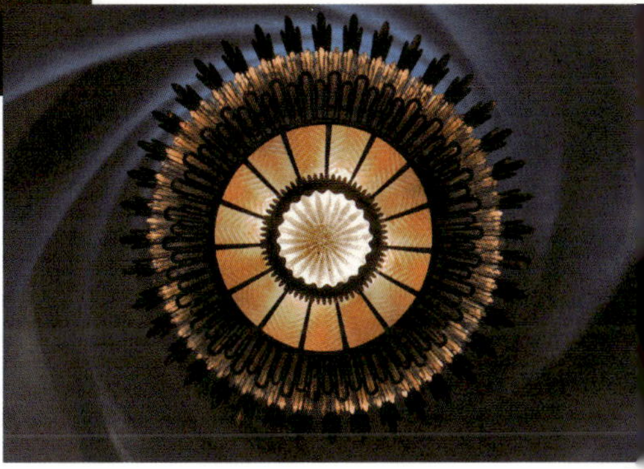

• 위 / 동굴 속의 궁전처럼 상상력이 가득한 실내 공간.
• 가운데 / 회오리치는 천장 장식과 조화를 이루는 거실 천장 조명등.
• 아래 / 다락층의 포물선 볼트 지붕 구조. 이후 카사 밀라에서 더욱 발전하였다.

©schmeeve

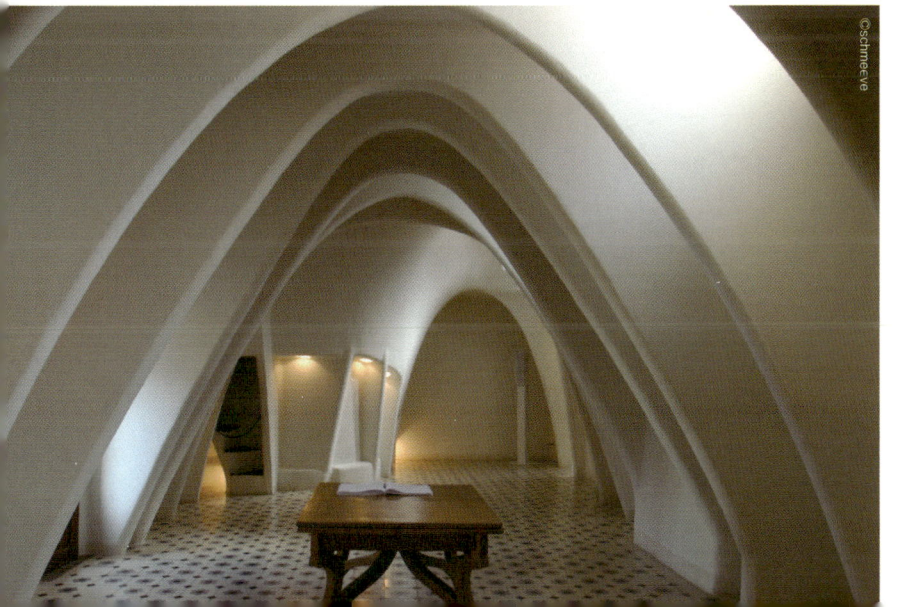

의 굵은 뼈 같은 유려한 기둥이 위로 솟아 2층의 날렵한 뼈 형태의 기둥 조각들이 넓은 개구부를 감싸며 흐르는 공간이다. 동시에 전체 입면에서 가장 세밀한 장식과 디테일로 돌출된 이 공간이 주인의 공간임을 암시하고 있다. 그 상부는 기존 건물의 창문에 주철제의 가면 같은 난간들이 마치 해골 가면처럼 상상력이 가득한 전설로 꾸며주고 있다. 전면 벽체의 타일은 위에서 밑으로 내려갈수록 코발트블루에서 하늘색, 회색 그리고 백색으로 색조와 명도를 갈아입는다.

  하늘을 이고 있는 최상부 지붕의 장식은 지붕 상부의 곡선부를 장식하고 있는 구형과 원통형 세라믹을 따라 청색과 적색과 황색의 리듬을 연출하고 있다. 벽과 지붕이 분리되는 지점에 4개의 팔이 달린 십자가를 머리에 이고 있는 계단실을 겸한 원통형 하얀 탑이 마치 대지에서 하늘로 솟아오른 가이아의 깃발처럼 당당하다. 옥상의 전경을 조용히 받쳐주고 있는 환기탑과 굴뚝들이 서로 열을 지어 고개를 세우고서 뾰족 갓을 뒤집어쓰고 지중해 빛에 물들어갈 때 카사 바트요는 신화의 궁전으로 다시 태어난다. 스테인드글라스의 파편과 가늘게 분쇄된 세라믹 타일들이 환상적인 꽃무늬에 표정을 더하며 신화적인 요소를 강조하고 있다.

- 위 왼쪽 / 전설 속의 용의 뼈를 상징하는 계단과 핸드레일.
- 위 오른쪽 / 유려한 곡선미로 장식된 실내 공간전경.
- 가운데 / 바닷속을 상징하는 푸른색 타일 무늬를 쓰고 있는 카사 바트요의 중정.
- 아래 왼쪽 / 요술 궁전을 탐험하는 착각을 불러일으키는 내부 공간.
- 아래 오른쪽 / 공룡의 뼈처럼 유려한 벽과 기둥과 계단의 구조체가 내부 공간에 상상력을 불어넣고 있다.

• 배면에서 바라본 카사 바트요 옥상의 굴뚝과 십자가(1984년 복원 후의 모습).

　건물의 내부 공간은 신화가 꿈틀거리며 상상력의 이야기를 뿜어내는 조각들로 가득 차 있다. 건물 안의 정원 기둥의 아랫부분에서 위로 올라갈수록 흰색, 회색, 하늘색, 짙은 파랑색의 타일들이 지중해의 맑은 바다 속을 헤엄쳐 들어가는 착각을 불러일으킨다. 카사 바트요의 건물 내부로 들어가는 것은 바다의 속살을 파고드는 모험이다. 중정의 창문들은 빛이 하부로 내려 갈수록 빛의 세기가 약해지는 것을 감안하여 하부로 내려갈수록 창문을 크게 만들어 건물 전체 공간을 밝게 유지하고 있다.

　가우디는 건물을 작은 우주라고 생각했다. 카사 바트요는 카탈루냐의 용이 품고 있는 작은 지중해의 용궁이다. 건물 외부에서 느낀 이미지의 조각들은 거침없이 내부 공간으로 흐르며 구체적인 공간 질서와 장식에 이르기까지 다양한 감성의 시나리오를 디테일하게 엮어내고 있다. 이것이 가우디의 창조적인 전술이며 가우디만의 매력이자 그의 혼이 빚어낸 조각이다. 가우디만의 독창적인 양식은 카사 바트요에서 마침내 그 구조를 완벽하게 세웠다.

  2층 중심 발코니 창문을 통하여 그라시아 거리를 바라보고 있노라면 숲속에 앉아서 파도가 부서지는 지중해변을 바라보고 있는 착각에 빠져든다. 건축 공간의 진정한 맛은 외부에서 내부를 바라보는 것이 아니라 내부에서 외부를 바라보는 관조에 있다.

  고풍스러운 나무 계단은 사실적인 디테일로 마무리되어 있다. 거대한 용의 살과 뼈를 분리하여 등뼈의 조각만으로 계단을 타고 하늘로 오르고 있는 형상이다. 건축 공간을 하나의 생명체로 인식하고 자연의 일부로 되살려놓은 가우디의 숨결이 작은 디테일 하나에도 살아 숨 쉬고 있다. 가우디의 디테일은 인간과 신의 경계를 허물며 나약한 인간의 눈을 장님으로 만들어버린다. "그라나다에서 장님이 되는 것만큼 더 큰 형벌은 없다"라고 알람브라 궁전을 극찬한 멕시코의 비평가 프란시스코 데 이카사가 카사 바트요의 현란한 조각을 보았다면 무슨

• 마치 공룡의 등뼈가 옥상 지붕을 타고 흐르는 것 같은 용마루 조각

가우디의 마지막 도전

• 카사 바트요의 입면.

말을 할지 궁금하다.

  가우디는 시련과 열등감의 계곡을 굽이치며 열정의 폭포처럼 살았다. 그는 평범한 인간으로 태어나 노력과 열정이라는 무기를 두 손에 움켜쥐고 거친 세상을 온몸으로 조각했다. 카사 바트요는 새로운 시대 건축의 문을 활짝 연 가우디의 자서전이다. 가우디는 "자연에는 직선은 존재하지 않는다"라는 말을 되뇌며 자신의 건축물을 실험실 삼아 열정적인 모험을 지속했다.

카사 밀라
Casa Milla

Antoni Gaudí

낯섦 속의 친숙함

카사 바트요를 짓고 나자 가우디의 명성은 바르셀로나 전역에 퍼져 가기 시작했다. 가우디의 눈과 가슴이 머무는 순간 무표정하고 딱딱한 화강석은 부드러운 곡선으로 미소 짓게 하는 전설의 건축가가 되었다. 가우디의 일거수일투족 모든 작업이 시민들의 관심거리가 되었다.

그 당시 바르셀로나의 소문난 멋쟁이 밀라는 재력 있는 미망인 도냐 로사리오를 부인으로 맞이했다. 도냐는 1905년 그라시아 거리와 프로벤사 거리가 만나는 모서리에 부지를 마련하고 건축가를 찾고 있었다. 카사 바트요에 감탄한 밀라는 아내에게 가우디를 소개했다. 가우디의 작품이 지나치게 급진적이어서 도냐는 망설였다. 카사 바트요는 당시로는 너무 혁신적인 디자인이었다. 터무니없이 괴상한 집을 짓는 고집불통 건축가라 몇몇 사람들은 비아냥거렸다. 지금까지 전혀 보지 못한

• 카사 밀라의 전경. 채석장이나 벌집의 형상을 떠올리게 한다.

　유선형의 해골 같은 집을 짓는 가우디를 요정이 사는 집을 짓는 건축가라며 조롱했다. 남편의 의견을 존중해서 가우디에게 작업을 맡겼지만 밀라 부인은 내심 평범한 건축물을 원했다.

　　가우디는 복잡한 구조의 건물을 단순하고 쉽게 지을 수 있는 방법을 찾아내기 위해 사무실에서 스케치에 몰입하기보다는 대지 현장에서 구상한 아이디어를 곧바로 모형을 만들었다. 모형에서 발견한 공간을 정확하게 확인하기 위해 1:10의 축적의 도면을 그려야 했다. 전체 도면

• 카사 밀라 입면 상세.

을 그리기 위해서는 넓은 책상 위를 이리저리 헤집고 다녀야 할 형편이었다. 할 수 없이 가우디는 한 가지 아이디어를 생각해냈다. 넓은 책상의 중앙에 사람이 들어갈 수 있을 정도의 구멍을 내고 중앙에 직접 들어가서 도면을 그리기 시작했다. 가우디의 가장 큰 특징은 남과 다른 생각을 하고, 남과 다른 방법을 찾아내고, 남과 다르게 행동한 것이었다.

　주머니 속에 다음 일을 부탁하는 의뢰자의 이름이 빼곡히 적혀 있는 종이를 넣어두고 혼자 끄집어내어 보곤 하는 가우디를 사람들은 돈만 아는 건축가라고 비난했다. 가우디는 고집쟁이에다가 자기 마음에 들지 않으면 버럭 화를 내며 망치로 부수어버리는 괴짜였다. 하지만 가우디는 언제나 건축 현장으로 달려가서 침묵하고 있는 구조와 장식과 디테일에 귀 기울이며 손으로 직접 모든 이야기를 대신했다.

어느 날 새벽, 가우디는 느닷없이 잠자는 조수를 깨웠다. 그리고 수평선을 가르며 막 솟아오르는 시뻘건 태양에 타들어가는 몬주익을 가리켰다. 조수는 영문을 알 수 없었다. 가우디는 물결치듯 살아 움직이는 몬세라트의 암벽에서 솟아나오는 신비한 성령의 힘으로 카사 밀라를 건설하고 싶었다. 가우디를 엄습한 카사 밀라의 아이디어는 그의 고향 레우스 부근 푸라데스 산의 푸라 게라우 절벽에서 몬주익으로 다시 몬세라트로 바쁘게 날아갔다.

카탈루냐의 영산 몬세라트의 바위산은 수만 가지 신상의 모습으로 바르셀로나를 굽어보고 있다. 가우디는 출애굽기 20장 4절의 말씀 '너를 위하여 새긴 우상을 만들지 말고, 또 위로 하늘에 있는 것이나 아래로 땅에 있는 것이나 땅 아래 물속에 있는 것의 어떤 형상이든 만들지 말라.'를 건축가가 지켜야 할 수칙으로 여겼다. 그는 자연에서 받은 영감을 그의 상상력과 교묘하게 조합하여 지금까지 없었던 공간을 생산하기 위해 노력했다.

가우디는 기존 건물을 반만 철거하고 나머지 공간에 작업실을 꾸며놓고 새벽의 영감을 대지에 불어넣고 있었다. 도시계획 지구

• 카사 밀라의 입면 전개도 중 일부. 1900년 2월 가우디가 그린 스케치.

의 모양대로 건물을 세우면 사거리에 면하여 모서리가 사선으로 잘려 나간 평범한 건축물에 지나지 않았다. 대부분의 건물처럼 모서리를 따라서 반듯한 상자를 세우고 도시계획선을 따라서 방을 배열하고 직사각형 창문을 내는 것으로 디자인은 끝났다.

어느 날 미장공이 보통 장미와 똑같은 조각을 해놓았다. 가우디는 겉모양이 아니라 후원자인 로사리오 부인을 상징하는 장미의 본질을 살려내야 한다고 생각했다. 아무리 해도 생동감이 도는 장미를 조각하지 못하자, 가우디는 직접 정을 들고 벽면의 꼭대기에 올라가 망치로 생동감이 넘치는 장미를 조각했다.

가우디는 애초 카사 밀라의 지하 주차장에 일반 중형 차량만 들어갈 수 있는 차로를 만들었다. 나중에 카사 밀라에 입주할 사람이 롤스로이드 대형 자동차를 가지고 있다는 사실을 알았다. 그러나 출입구의 회전반경을 키우려면 이미 시공되어 있는 기둥을 조정하는 위험한 작업을 거쳐야 했다. 기둥을 옮기면서 구조 안전을 생각하여 조수들이 나머지 벽체를 두 배로 두껍게 처리하려 할 때 가우디는 몇 번이나 정확하게 구조 계산을 살펴본 뒤 적당한 아치의 두께를 찾아내 불필요한 보강을 하지 않고 공사를 마무리했다. 모든 사람이 불가능하다고, 집이 무너질 것이라고 충고했지만 카사 밀라는 지금까지 당당하게 서 있다.

- 위 왼쪽 / 현관 내부에서 바라본 주출입구 철문. 파도의 거품 이미지가 철문 디자인에 녹아 있다.
- 위 오른쪽 / 카사 밀라 입면. 돌산에 이끼가 붙어 있는 형상이다.
- 가운데 / 카사 밀라 중정. 지중해 빛으로 어우러진 중정은 마치 빛의 우물처럼 아늑하다.
- 아래 / 중정을 끼고 오솔길처럼 흐르는 계단.

• 흑백 톤의 카사 밀라. 마치 벌집 같은 이미지를 불러일으킨다.

카사 밀라의 아름다움 중에 으뜸은 단연 물결치는 파동의 석조 입면이다. 카사 밀라에 가면 먼저 길 반대편에서 건물의 전체적인 그림을 이리저리 돌아보며 감상하는 것이 좋다.

무거운 사암으로 곡면의 입면을 마감하는 일은 처음부터 기술자들에게 새로운 도전이었다. 몬주익산 사암은 너무 무거워서 한 번 들어 올리는 데 많은 시간과 힘이 들었다. 시공 기술자인 바요는 도르레와 추를 이용하여 돌을 들어 올리는 기계를 만들었다. 그러나 돌을 제자리에 집어넣기 위해서 같은 돌을 네 번이나 들어 올렸다 내렸다 할 줄은 미처 몰랐다. 인간의 손으로 돌을 쪼아 곡선의 선형으로 서로의 입면을 연결하는 작업은 한 번의 작업으로 완성되지 않는다. 수없이 어긋난 부분을 갈아내며 마감 작업을 거쳐야 비로소 완성된다. 복잡한 공사 디테일을 제대로 간파하지 못한 조수의 견적 실패로 가우디는 결국 공사비를 재청구하기에 이르렀다.

카사 밀라는 철골 구조에 돌을 입힌 최신 구조공법으로 지어졌을 뿐 아니라 자주식 지하주차장과 중앙난방에, 따뜻한 온수가 나오는 최신식 설비와 전기 엘리베이터 시설을 갖춘 최고급 빌라였다. 그러나 바

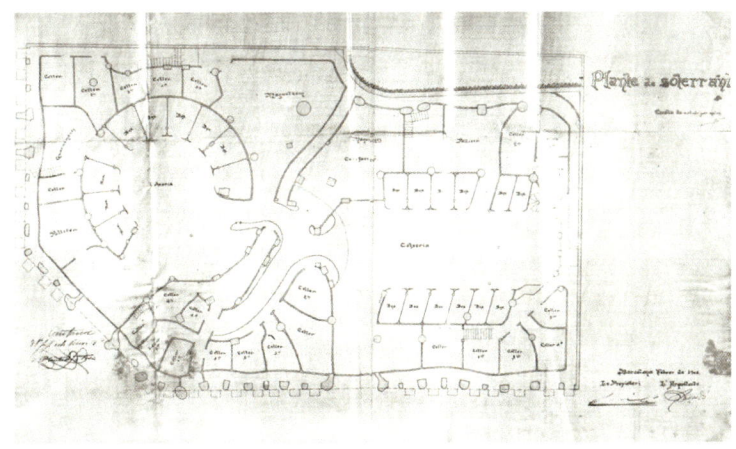

• 카사 밀라 지하층 평면도. 1906년 가우디 제작.

• 눈을 이고 있는 카사 밀라. 1914년 사진.

• 카사 밀라의 옥상 모형.

르셀로나 시당국은 카사 밀라 공사 현장의 가설 울타리가 그라시아 거리를 침범했다고 공사 중지 명령을 내렸다. 가우디는 시정 명령을 따르지 않고 공사를 계속했다. 무거운 돌을 들어 올리려면 공간이 필요했기 때문이다. 공사가 진행되는 3년 동안 불법으로 공사를 진행하는 진기록을 세웠다. 가우디의 고집으로 4층까지 공사가 진행되었을 때 시청에서는 설계도를 정식으로 허가했다.

1909년 늦봄 현장 가설 울타리가 철거되는 순간 카사 밀라의 화려한 자태가 드러났다. 이 경이로운 건물에 대하여 환호와 비난이 봇물처럼 터져 나왔다. 도시의 깃발처럼 화려한 등대 모양의 건축은 시민들에게 새로운 경험이었다. 천편일률적인 그라시아 거리에 소용돌이

치듯 물결치는 크림색(현재는 공해로 검게 그을려 있음)의 사암 덩어리는 보는 방향에 따라서 사막의 모래 언덕처럼 시시각각 변해갔다.

  카사 밀라의 아름다운 발코니는 도시에 새로운 풍경을 조각했다. 한 층도 같은 디자인의 입면과 창이 없다. 가우디의 상상력은 다양한 입면에 머물지 않고 내부 공간으로 지붕으로 끝없이 확장되었다. 맨 위의 다락층은 현란한 아치가 곡면으로 굽이치며 공간의 넓이와 높이를 조절하며 빛과 어둠을 부르며 마치 숲속을 거니는 듯 착각에 빠져들게 한다. 지붕의 변화를 고스란히 실내 공간으로 투영한 다락 공간에는 현재 가우디 건축물의 모델들이 전시되어 있다. 다락방의 현수선 아치는 벽돌의 얇은 부분을 맞대어 책을 세우듯이 층층이 포개어 옥상의 테라스를 떠받치고 있다.

  작은 조각 타일이 원색의 모자이크 장식으로 덮여 있는 트렌카디스 기법의 옥상 조각은 지중해 빛의 농도에 따라 표정을 자유자재로 갈아치운다. 카사 밀라의 옥상은 같은 그림을 반복적으로 보여주지 않는다. 옥상 출입구의 성모를 닮은 둥근 아치 품에 안긴 성가족 대성당의 모습은 마리아의 품에 안긴 아기 예수처럼 사랑스럽다. 2개의 중정을 숨구멍처럼 에워싸고 있는 카사 밀라의 옥상 테라스는 천사들이 쉬어가는 하

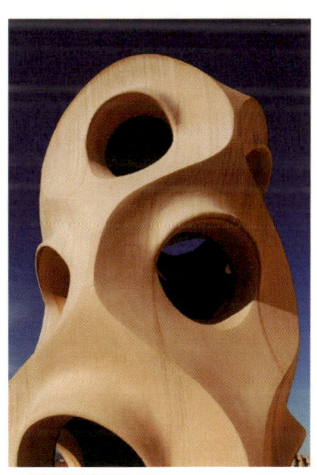

• 옥상 환기탑 모형.

- 위 / 중정 하부에서 올려다본 타원형의 중정.
- 아래 / 카사 밀라의 옥상.
- 오른쪽 / 옥상에 내려다본 중정. 빛이 아래층 창까지 넉넉하게 스며들고 있다.

늘 정원이다.

부드러운 외부 곡면의 흐름은 바람처럼 내부 공간으로 흘러들어가 벽과 천장의 부조 장식으로 얼어붙었다. 카사 비센스의 몽환적인 흡연실의 기하학은 카사 밀라의 파동으로 더욱 완숙한 자태로 유려하게 살아났다. 한 인간이 자신의 꿈과 목적을 이루기에는 결코 인생이 짧지 않음을 카사 밀라는 보여주고 있다.

카사 밀라는 단순히 아름다운 건축물이 아니다. 가우디의 상상력이 열정의 마차를 타고 카탈루냐의 하늘로 날아오르는 기념비다. 가우디 이전에 그 어떤 건축가도 시도하거나 모험하지 못한 예술의 경지를 뛰어넘었다. 가우디만의 독창성으로 카사 밀라는 그 특이함으로 벌집, 채석장, 고기파이라는 다양한 별명으로 불렸다.

카사 밀라는 건축 허가 면적보다 더 크게 지어졌다. 1층 지주는 도로 한계선을 넘어 시청으로부터 벌금과 철거라는 극단의 시정 조치를 받

았다. 그러나 카사 밀라의 예술적 가치를 인정하여 시정 명령은 철회됐다. 카사 밀라는 낯섦 속에서 친숙함을 발견하는 모험이다. 카사 밀라는 오늘도 바르셀로나에 생기를 불어넣고 있다. 카사 밀라는 가우디가 마지막으로 만든 부자의 집이다. 이후 가우디는 성가족 대성당 일에만 전념하며 마지막 남은 예술혼을 불태웠다.

밀라 부인의 화장대 옆에 가우디는 이

- 위 왼쪽 / 카사 밀라 실내.
- 위 오른쪽 / 부정형 평면의 욕실 풍경.
- 아래 왼쪽 / 카사 밀라 침실.
- 아래 오른쪽 / 다락층.

런 글을 새겨 넣었다. '인간은 한 줌의 흙이니 흙으로 돌아가리라.' 어떤 건축가가 자신의 건축주에게 교훈적인 이야기를 일방적으로 남길 수가 있을까. 창의적인 열정으로 작품을 지속하면서 깨달은 가우디의 예술혼이 간직한 위엄이다. 가우디가 죽은 뒤 밀라 부인은 가우디의 흔적을 모두 지워버리고 자신이 좋아하는 루이 15세의 로코코 장식을 가미하여 석주와 천장에 석고를 바르고 그 위에 몰딩이나 코니스 장식을 고전적으로 새롭게 단장해버렸다.

미완의 성모상

1909년 바르셀로나의 여름은 유난히 습하고 무더웠다. 카사 밀라의 지붕엔 성모상과 천사들을 새겨 넣는 일로 분주했다. 건물 내부의 마무리 손질로 분주한 나날이었지만 스페인 내란의 먹구름이 서서히 바르셀로나를 엄습하고 있었다. 바르셀로나의 열악한 환경과 노동 조건은 유럽에서 가장 심각한 상황이었다. 19세기 내내 산업 개발을 반대하는 장인들은 카탈루냐 방직공장을 습격하기에 이르렀다. 1890년대 들어서면서 바르셀로나에서는 중세의 지역 공동체와 공업도시라는 두 세계가 대립하고 있었다. 그 와중에 안달루시아 지방에서 온 가난한 이민자들은 지역주의 공동체의 희생자가 되었다. 1898년 미·서 전쟁의 패배는 바르셀로나 경제를 도탄에 빠뜨렸다. 선교사, 부상자, 도산한 상인들의 귀국으로 도시는 일시에 혼란에 빠졌다. 정치는 날이 갈수록 사회주의, 공산주의, 무정부주의로 나뉘어 더욱 혼란에 빠져들었다. 가난한 노동자들은 한 끼를 해결하려고 너나 할 것 없이 공장으로 몰려들었다.

바르셀로나에는 언제 터질지 모르는 화약고가 두 군데 있었다. 한 곳은 공장이고 다른 한 곳은 교회였다. 공장은 열악한 조건으로 임금을 착취하면서 갈등을 고조시켰다. 교회는 가난한 노동자의 문제를 외면하며 사회문제에 등을 돌리고 있었다. 수녀원은 일반 노동자들이 할 수 있는 제빵, 저렴한 세탁, 자수나 재단, 수선 같은 일을 전문적으로 하며 대형공단이 미치지 않는 영세시장을 장악하여 교회의 재산을 늘려나가고 있었다. 일반 서민들은 공단 재벌에게도 착취를 당하고 교회로부터도 따돌림을 당했다. 한 치 앞을 알 수 없는 노동자들과 교회의 충돌이 여명을 기다리고 있는 태양의 불길처럼 불타고 있었다.

1908년 겨울이 시작되자 방직공장에서 무더기 해고 사건이 일어났다. 빈곤층의 유일한 생명줄인 방직공장에서조차 일을 할 수 없게 되자 시민들의 불만이 봇물처럼 터져 나왔다. 1909년 스페인의 마지막 식민지 모로코에서 반란이 일어났다. 스페인 정부는 반란을 진압하기 위해 바르셀로나 민병대를 파견하기로 결정했다. 바르셀로나 시민들은 모로코 사람들과의 전쟁에서 목숨을 잃고 싶지 않았다. 돈과 권력은 모두 마드리드 상류층들이 차지하고 바르셀로나 서민보고 대신 죽으라는 꼴이었다. 이에 화가 난 군중들은 굶주린 노동자 대신 살찐 성직자들을 전쟁터로 보내라며 외쳤다.

가톨릭 종교 전쟁에 정작 당사자인 성직자 대신에 착한 노동자의 아들들이 죽어갔다. 7월 25일 카탈루냐 광장에 모인 사람들은 희생의 대가를 지불하라는 항의 표시로 모래를 뿌렸지만 항의는 받아들여지지 않았다. 저녁식사 시간이 되자 사람들이 하나둘씩 자리를 뜨면서 잠잠해지는 것처럼 보였다. 그러나 더위와 슬픔에 지친 노동자들은 다시 거리로 쏟아져 나왔다. 거리와 카페를 전전하며 사람들의 불만은 시간이 흐를수록 태산처럼 쌓여갔다. 가만히 있을 수 없다는 노동자들의 공감대가 모이고 있었다. 새벽 여명이 다가오는 시간, 비극의 씨앗은 점화를 기다리고 있었다.

오전이 되자 모든 공장의 기계 작동이 멈추었다. 군대의 진압에 맞

• 바르셀로나 비극의 주 동안 불길에 싸인 바르셀로나 전경.

서 거리마다 여기저기에 보도블록, 낡은 침대스프링, 나무 문짝, 돌기둥 등 주변에서 구할 수 있는 것으로 방어막을 쌓았다. 심지어 도로의 나무 전신주까지 톱으로 베어 바리케이드를 만든 시민들은 곧바로 수도원을 습격했다. 산 안톤 수도원에서 위조지폐를 조작하는 낡은 인쇄기가 발견되고 또 다른 수도원에서는 유리관에 박제되어 보관된 수녀의 시신이 발견되면서 수도원이 비리의 온상임이 만천하에 드러났다. 수녀복을 입은 채 손과 발이 묶인 상태로 매장된 시신들이 무더기로 발견되었다. 신성한 종교가 중세보다 더 타락해 있음을 확인한 시민들의 분노는 하늘에 닿았다. 밤이 되자 이미 많은 시민들이 진압 과정에서 죽거나 다쳤다는 것이 알려졌다.

비극의 밤에 가우디는 옥상에 올라가 바르셀로나를 살펴보고 있었다. 여기저기에 불길이 솟아올랐다. 가우디는 가까이 사는 친척들과 자신의 분신 같은 건물들의 안전이 걱정되어 노심초사했다. 전날까지만 해도 가우디는 조수인 바요와 함께 전쟁터와 다름없는 시가지를 고집스럽게 누비며 자신의 작품들의 안전한지 확인했다. 하룻밤 사이에 모든 것이 다른 세상으로 변해버렸다. 여기저기서 총소리가 들리고 언제 폭도들이 들이닥칠지 모르는 상황이었다. 가우디는 꼼짝없이 구엘 공원을 산책하며 시간의 오르막길을 타고 있었다.

모든 상황에는 동전의 양면처럼 빛과 어둠이 공존하고 있다. 가우디는 타락한 가톨릭의 단점을 파헤치기보다 문제점을 해결하기 위해 자신의 남은 삶을 공동체의 도구로 헌신했다. 카사 밀라는 가우디 삶의 터닝 포인트가 되었다. 비극의 주를 경험하면서 가우디는 개인적인 부와 명예를 추구하는 삶을 버렸다. 철저하게 공익을 추구하는 헌신의 삶을 추구했다.

어린 시절 가우디는 포블레트 수도원 복원 계획을 통해 폐허로 사라져가는 카탈루냐 문화유적의 가치를 확인했다. 많은 사람들의 피와 땀으로 건축물을 힘들게 세우지만 파괴는 한순간임을 부서진 돌무더기 속에서 발견했다. 아름다운 건축 작품이 정치적 감정싸움의 희생양이 되는 현실이 실망스러웠다. 모든 인간은 잘못을 저지를 수밖에 없다는 종교적 믿음은 이때 싹트기 시작했다. 밤이 되자 성난 군중들은 수녀의 박제된 시신을 앞세우고 악명 높은 부잣집을 향하여 나아갔다. 카탈루냐의 모든 상업을 관리하고 있는 코미야스와 구엘은 노동자들에게 영원한 적이었다. 구엘 궁전과 코미야스의 모하 궁전 앞에 수녀의 썩은 시체를 걸어놓고 두 가문의 부자를 향해 분노의 시위를 하고 있는 군중들을 가우디는 물끄러미 지켜보고 있었다.

가우디의 든든한 친구이자 후원자인 코미야스와 구엘이 어느 날 갑자기 카탈루냐 노동자들의 적으로 돌변했다. 부자들을 위한 집을 짓는 일에 몰두하면 할수록 가우디의 명성은 높아져갔다. 언제부턴가 사람들은 이런 가우디를 부자들의 체면을 세워주는 일에 재능을 쏟아붓는 얼간이, 돈밖에 모르는 건축가라는 소문이 퍼지기 시작했다. 가우디는 자신의 건축에 대한 분명한 철학을 가지고 카탈루냐 민족 건축을 세우기 위해 일생을 작업실과 현장에서 고행했지만 현실은 달랐다.

• 제플린 비행기의 미래 격납고로 표현된 카사 밀라. 토라차의 소방울 소리에 1910년 게재.

많은 교회와 종교기관이 무참히 파괴되고, 신부와 많은 노동자들이 목숨을 잃고 나서 마침내 비극의 주는 끝이 났다. 다행히 가우디의 건축물들은 별다른 파괴 없이 그대로 남아 있었다. 공사를 함께하며 땀 흘렸던 노동자들이 파괴를 막아주었다. 이후 가우디는 더 이상 개인을 위한 건축물을 짓지 않기로 결심했다. 남은 인생을 통하여 가우디는 가톨릭 정신을 되찾으려는 노력을 경주했다. 카사 밀라는 가우디의 마지막 열정이 고스란히 담긴 마지막 부자의 궁전으로 남았다. 분노한 신은 이제 더 이상 부자를 위해 가우디의 재능을 쓰지 못하도록 막았다.

그러나 운명은 가우디와 밀라 부인의 싸움까지 말리지는 못했다. 비극의 주 동안 교회 관련 건물들이 모두 파괴되는 것을 경험한 밀라 부인은 카사 밀라 옥상에 성모상을 올려놓는 것을 반대했다. 그러나 가우디는 고집을 꺾지 않았다. 어머니 같은 성모 마리아가 옥상에 걸터앉아 상처 입은 바르셀로나를 따뜻하게 보호해주기를 간절히 기원했다. 성가족 대성당을 한눈에 바라볼 수 있는 자리에 앉게 되어 있었던 성모상은 영원히 자기 자리로 돌아가지 못했다.

가우디와 밀라 부인 사이에 공사비 지불을 요구하는 지루한 재판은 7년 동안이나 이어졌으며 가우디의 영혼은 점점 지쳐갔다. 가우디는 더욱더 가톨릭 교리 속으로 빠져들어갔으며 교회 일을 제외하고는 아무 일도 맡지 않았다. 기나긴 재판의 결과로 받은 공사비는 고스란히 성가족 대성당의 공사비로 헌금했다. 가우디의 남은 심장은 흩어진 바르셀로나 민심을 성가족 대성당으로 다시 불러 모으려는 마음으로 타올랐다.

성가족 대성당 부속학교

가난한 천사의 집

비극의 주가 끝나고 나서도 바르셀로나의 불안은 사라지지 않았다. 바르셀로나의 상징인 성가족 대성당은 별다른 피해를 입지 않았다. 몇몇 부자들과 가난한 사람들의 헌금들이 조금씩 모여서 성가족 대성당의 돌무더기를 힘들게 쌓아올렸다. 수많은 노동자들의 생활 터전인 성가족 대성당을 노동자들 스스로 보호했기 때문에 대성당은 비극의 주를 피해갈 수 있었다.

성가족 대성당 노동자들과 지역 노동자들의 자녀들을 무상으로 교육하기 위해 성가족 대성당 서남쪽 모서리에 부속학교를 세웠다. 무상교육이야말로 신에게 더 가까이 다가가는 실천이라 가우디는 믿었다. "사회를 개혁하려면 반드시 개인을 개혁해야 한다"는 보카베야의 믿음을 그대로 실천한 것이다. 공동체의 소속감을 키우기 위해 학생들

• 황량한 벌판에 서 있는 성가족 부속학교. 뒤로 성가족 대성당 탄생의 파사드가 외롭게 서 있다.

에게 운동장의 화단을 지정해서 식물을 기르게 했다. 소속감을 키우기 위해 종교 행사에는 어김없이 가우디가 디자인한 깃발을 앞세워 행진을 시켰다.

  가우디는 건축 논리와 미학으로 가난한 자의 집을 지었다. 부자들의 집을 지으며 성취한 디자인 원리의 골격만으로 가난한 어린이들의 학교를 세웠다. 부자들의 창고를 지을 공사비로 어린 학생들의 요람을 독창적으로 지었다. 도면을 그리기에 앞서 가우디는 그 공간에서 일어날 수 있는 다양한 활동을 항상 먼저 상상했다. 공간의 생명은 그 장소에서 일어나는 행위와 활동과 이벤트의 총합이다. 가난한 자를 위한 건축물은 통상적으로 기능만 충족시키는 경우가 대부분이다. 적은 비용은 건축가의 상상력을 종종 위축시킨다.

가우디는 상상 속의 어느 공간에 마음이 끌리면 그것을 곧바로 개념 스케치와 모델로 형상화했다. 적은 비용일수록 공간의 핵심 골격은 단순 명쾌해야 한다. 적은 비용의 단점을 디자인의 강점으로 바꾸기 위해서는 개념의 골격으로 공간의 구조를 세워야 한다.

복잡한 구조와 기능을 과감하게 융합하여 하나의 골격으로 전체 공간을 관통하는 것은 통찰을 요구하는 작업이다. 파도처럼 출렁이는 지붕의 모양은 별도의 구조 없이 튼튼하게 지붕을 받치는 구조만으로 이루어졌다. 보와 서까래와 지붕의 역할을 하나로 통합하여 파동 치는 지붕의 골격으로 단순화시켰다. 학생들의 결속을 다지는 공동체의 개념이 완벽하게 실현된 공간은 함축적인 구조가 기능과 미를 완벽하게 포용하고 있다. 공간의 생명은 물질의 빈 공간이 아니다. 그 공간에서 활동하는 어린이들이 실현할 수 있는 공동체 정신을 담아줄 가치 실현이 목적이다.

세상에 단 하나밖에 없는 이 독창적인 건물은 배수와 구조 문제까지도 완벽하게 해결하면서 동시에 공동체 정신과 아름다움까지 불어넣었다. 종이 한 장의 힘은 바람 한 점도 지탱하지 못하지만 종이를 여러 번 접으면 튼튼한 구조재로 돌변한다. 그 위에 물건을 올려놓아도 안전하게 지탱하는 구조물의 강점을 장 스팬의 교량 구조에 응용하고 있다. 이 구조를 재해석하여 부속학교 지붕에 적용한 가우디의 상상력과 아이디어는 가톨릭학교의 원칙에서 나왔다. 학교는 모든 학생과 선생이 가톨릭 정신을 함께 공유하는 하느님의 품이다. 부분이 모여서 전

• 성가족 부속학교의 전경. 서정적인 지붕 곡선의 리듬이 전체 공간을 지배하고 있다.

• 리드미컬한 서까래의 구조가 내부 공간을 관통하고 있는 성가족 부속학교 실내.

체를 암시하고, 전체가 부분을 포함하는 연속적인 포물선 형태와 공간은 직선의 서까래가 리듬에 맞추어 높이를 조정하며 만들어낸 공동체 정신의 발로다.

직사각형 상자를 횡으로 이등분하는 중앙선상에 3개의 기둥을 일정한 간격으로 나란히 배치했다. 그 위에 H형의 대들보를 수평으로 설치하고 그 위에 대들보를 직각으로 가로지르는 여러 개의 각재(서까래)를 포물선의 리듬에 따라 일정한 각도의 변위로 기울여서 우아한 곡선의 지붕을 창조했다. 지붕의 구조가 실내 공간이 되는 원리는 카사 밀라의 옥상과 다락에서 이미 실험했다.

프랭크 게리의 빌바오 구겐하임도, 산티아고 칼라트라바의 발렌시아 레이나 소피아도, 자하 하디드의 동대문 역사박물관도 모두 일반 건축 공사비의 몇 곱절인 고비용의 건축물이다. 이들이 가우디를 능가하지 못하는 이유는 가난한 자의 집을 위대한 걸작으로 만들지 못했기 때문이다. 짧은 문장 안에 자신의 철학을 담아내는 것, 단순한 구조에 다양한 의미를 담아내는 것은 힘들고 어렵다. 가톨릭 정신으로 통합한 가우디만의 구조와 디테일과 디자인으로 가우디 이전에 그 누구도 감히 생각해내지 못한 아이디어로 가난한 공동체의 보금자리를 풍족하게 만들었다. 누구나 쉽게 문제점을 지적하고 비평할 수 있다. 그러나 따뜻한 가슴으로 포용하여 세상을 변화시킨 사람은 흔하지 않다. 가우디는 남들이 불가능하다고 불평할 때 조용히 자신의 손으로 단순함이 최선의 공간임을 보여주었다.

세계적인 일본의 건축가 이토 도요는 쓰나미로 폐허가 된 일본 동북부 해안 도시를 복구하기 위해 발 벗고 나섰다. 천문학적인 예산이 투입되는 신도시나 역세권 개발이 아닌 소외되고 가난한 자들의 주택 문제를 해결하기 위해 새로운 시대의 사명을 실천하고 있다.

  가우디는 100년 전에 가난한 공동체를 위한 건축가의 역할을 실천했다. 자본이 지배하는 사회에서 가우디는 부자의 길을 버리고 가난한 공동체를 위한 건축물을 지으며 자신의 재능을 기부하며 남은 인생을 살았다. 한 인간의 존엄한 삶의 척도는 그가 소유한 부의 크기와 명예가 아니라 그가 남기고 간 배려와 사랑의 깊이에 있다. 성가족 대성당은 정신과 기술적인 측면에서 이 작은 부속학교에 빚을 지고 있다.

열정의 불길 속으로

Antoni Gaudí

성가족 대성당 공사가 재개되다

　1909년이 되어서야 성가족 대성당 공사가 재개되었다. 그러나 1910년 봄부터 불안정한 재정 상황은 시도 때도 없이 성당 공사의 발목을 잡았다. 가우디는 육체적, 정신적으로 지쳐갔다. 가우디는 1910년 개막 예정인 파리 순수예술협회 전시회 참석을 고민하고 있었다. 가우디는 애초 참석하지 않을 생각이었지만 후원자인 구엘의 청을 받아들여 마음을 바꾸었다. 가우디는 프랑스 예술가 비올레 르 딕을 존경했지만 그것은 이미 젊은 시절의 추억이었다. 이미 자신의 작품 세계를 구축한 가우디에겐 세간의 평가는 그리 중요하지 않았다.

　전시회는 성공적으로 끝났고 거의 모든 프랑스 예술 잡지들은 앞 다투어 가우디의 작품에 찬사를 보냈다. 그러나 가우디는 정신적으로 육체적으로 끝이 어딘지 알 수 없을 정도로 피폐해져가고 있었다. 채식

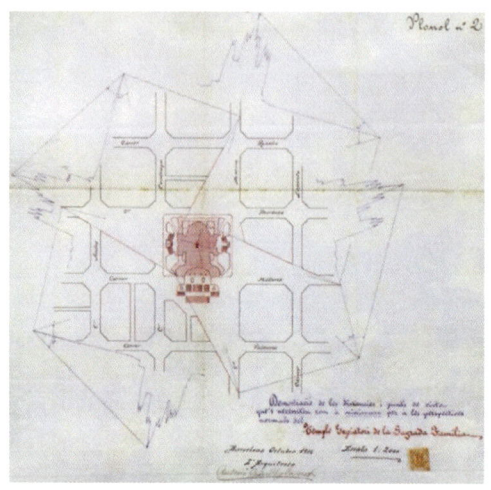

• 성가족 대성당 배치도.

을 고집하던 가우디는 만성 악성빈혈, 불안정한 감정기복 그리고 신경쇠약 증세로 탈진 상태였다. 의사인 친구 산탈로의 충고마저 무시하고 가우디는 여전히 깨끗한 공기와 물 그리고 운동을 통하여 자신의 몸을 치료할 수 있다며 고집을 부렸다. 1910년 5월 가우디는 마침내 식욕을 잃고 류머티스와 통증, 고열, 발진에 무너졌다. 동물과의 접촉으로 전염되는 희귀한 브루셀라병까지 그를 괴롭히고 있었다. 그럼에도 가우디는 점심마다 살균되지 않은 우유를 뿌린 양상추를 고집했다.

가우디는 어쩔 수 없이 멀리 떨어진 요양소에서 휴식을 취하며 오랜만에 작업의 중압감에서 벗어날 수 있었다. 가우디를 만나는 사람들은 터무니없이 공격적이고 고집스러운 그의 성격 때문에 항상 불편해했지만 가우디는 교구 박물관에서 신부와 담소를 나누며 산책으로 시간을 보냈다. 무차별한 가우디의 감정 폭발은 일반적인 현상이라기보다는 심한 정신적인 동요와 종종 자살 충동을 동반하는 그의 오랜 지병 브루셀라병 탓이었다. 약해진 면역체계를 틈타 감기나 다른 바이러스가 합병증을 유발하여 집중력이 떨어지고 폭력적인 충동을 불러일으키는 정신적 증상을 가져오는 브루셀라병은 당시로는 치료하기 힘든 희귀병이었다.

친구인 산탈로 박사는 가우디를 피레네 산맥에 있는 푸이그세르다로 즉시 데려갔다. 더 이상 방문객도 받지 않으며 논쟁을 하거나 흥분 상태에 다시 빠질 일도 없었다. 하지만 그의 건강은 나날이 악화되고 있었다. 유언장을 남겨야할지도 모를 사경에서 가우디는 기적적으로 건강을 회복했다. 독서와 명상과 자연이 그의 가난한 영혼의 짐을 벗겨주었다.

그리던 작업실로 다시 돌아왔지만 가우디는 조수들의 재능과 손에

• 수난의 파사드. 지금 이대로 지어지고 있다.

의지하여 작업을 할 수밖에 없었다. 루비오와 베렝게르와 주졸이 각자 가우디의 손발이 되어주었다. 가우디는 환자의 몸으로 주졸과 함께 재기 넘치는 구엘 공원의 벤치를 만들었다. 가우디는 한 인부에게 반죽으로 된 벤치 위에 옷을 벗고 최대한 편안한 자세로 앉으라고 시켰다. 회반죽이 마른 후 찾아낸 가장 편안한 자세에 맞추어 벤치의 형태를 완성했다. 가우디에게 주어진 여분의 삶은 온전히 자신의 행복보다 공동체를 위해 아낌없이 내어주었다.

가우디는 평생 자신을 괴롭혀왔던 류머티즘과 각종 병마를 누더기처럼 걸치고 상상력으로 밀림을 헤집고 다녔다. 가만히 앉아 있으면 괴로워서 더 이상 견딜 수 없는 그의 지병이 현장과 작업실과 그의 삶을 하나의 연구실로 엮었다. 그는 아픔을 이겨내기 위해서 돌을 깎고, 망치질하며 열정의 불길 속으로 쉼 없이 걸어갔다.

원시동굴, 구엘 성지 지하제실
Cripta Colonia Guell

Antoni Gaudi

천재의
영혼이 담긴 곳

바르셀로나 시가지에서 서북 방향으로 20킬로미터 지점에 위치한 산타 코르마 노동자 집합주택단지(colonia)의 부속 성당으로 건립된 지하제실은 가우디 예술성의 극치를 보여준다. 교회가 위치한 토지의 이름 코르마는 카탈루냐어로 팔로마로, 이는 성스러운 비둘기를 뜻하고 있다. 성스러운 비둘기에게 바치는 구엘 성지 지하제실은 도심에서 조금 먼 거리에 있지만 이 작품을 보지 않고 성가족 대성당을 이야기 할 수 없다.

가우디는 "인간은 끊임없이 창조한다. 하지만 그것은 사실 창조가 아니라 발견이다. 새 작품을 만드는 데에 기반이 될 자연법칙을 찾아내어 창조주와 협력하는 것이다" 하고 강조했다. 하늘 아래 창조는 없다는 뜻이다. 이러한 그의 생각을 잘 반영된 걸작이 구엘 성지 지하제

• 구엘 성지 지하제실 전경. 지하제실 뚜껑만 닫힌 상태로 남아 있다.

실이다. 독특한 재료 선택과 한계를 모르는 그의 공간 구축 기술과 세부장식은 무심한 벽돌 조각과 마감되지 않는 돌조각에까지 생명을 불어넣었다. 소나무 숲 사이에 지어진 지하제실의 기둥은 원시동굴의 종유석처럼 주변 자연과 일체를 이루며 오래된 미래를 전시하고 있다. 거친 자연의 원시성과 마주할 수 있는 가우디 작품을 고르라면 단연 구엘 성지 지하제실이다. 몬세라트의 원시적인 자연암석과 구엘 성지 지하제실을 보지 않고 가우디 건축의 뿌리를 이야기할 수 없다.

건축물과 자연과 인간의 경계를 허물어버린 구엘 성지 지하제실은 자연석으로 둘러싼 자연동굴처럼 원시적이다. 기둥은 나무줄기를 닮았고, 지붕은 산비탈 모습을 옮겨놓았고, 둥근 천장은 동굴을 상상하게 하고, 테라스는 절벽을 느끼게 한다. 이곳은 지상층은 공사를 시작도 하지 못하고 미완으로 숲속에 덩그러니 놓여 있는 상태만으로도 세상의 이목을 끌고 있다. 건물도 사람처럼 종합적인 완성으로 모든 것을 말하지 않는다는 것을 보여주고 있다.

　태초의 원시적인 가이아의 자궁처럼 비밀스럽게 웅크리고 있는 지하 성당은 가우디 건축의 시원의 샘이다. 지하제실의 입구에 서면 타원을 그리며 가지런한 기둥들이 양수처럼 중앙 제단을 감싸고 있다. 몬세라트의 화강암이 땅속에 거친 허리를 세운 것처럼 중심을 향하여 비스듬하게 누워 있는 중심의 기둥 4개가 원시적인 투박함으로 화려한 천장의 아치를 받쳐주고 있다. 마치 초기 기독교 교회 카타콤의 원

• 주변의 나무와 조화를 이루는 지하제실 외벽.

• 은총의 물방울처럼 신비하게 조각된 구엘 성지 지하제실 스테인드글라스.

시성을 상기시킨다.

끝내지 못한 유언장처럼 영원히 미완으로 남아 있는 구엘 성지 지하제실은 단 한 번도 12명이 넘는 인부가 작업한 적이 없었다. 1915년 11월 3일 기념미사를 드렸으며, 3년이 지난 1918년 공사가 중단된 모습으로 오늘날까지 남아 있는 미완의 조각품이 가우디의 투박한 영혼을 전시되고 있다.

가톨릭 수도자처럼 건축가의 길을 걸어간 가우디에게 더 이상 돈과 명예는 중요하지 않았다. 더 이상 부자들의 지갑을 열어놓고 자신의 끼와 열정을 실험할 이유도 없었다. 산속의 작은 교회를 지으며 조용히 수도하듯이 자신을 돌아보며 가톨릭 정신의 본질을 건축 공간 속에 심어놓기 위해 열정을 불태웠다. 가우디에게 건축은 그 자체로 하나의 기도였다. 교회 건물이 주변의 자연과 친구처럼 속삭이며 다정하게 공존하는 경우는 드물다. 지하제실은 시간을 통하여 거친 자연의 일부가 되고, 산의 일부가 되어 조용히 내면으로 굳어버렸다. 그 미완의 쉼표가 가우디의 이상을 더 가슴 절절하게 표현하고 있다.

    설계도면대로 집을 지으면 아름다운 소나무를 잘라야 한다는 사실을 알게 된 가우디는 소나무를 피해가며 평면을 배치했다. 이리저리 계단을 옮기며 자연의 품이 허락하는 대로 건물을 지었다.
    소나무를 베어내기만 하면 3주 만에 계단 공사를 끝낼 수 있었다. 그러나 가우디는 그렇게 할 수 없었다. 소나무의 생명을 피해 여분의 공간에 안착한 계단은 산과 구름과 바람과 나무와 건물이 하나의 물성으로 서로 조화를 이루며 자연의 일부로 회귀했다. 세상에서 가장 아름다운 공간은 자연에 잠재된 원시성의 결을 따라 지은 집임을 지하제실은 말없이 보여주고 있다.
    가우디는 작업실 공간의 한편에 우산을 펴듯 여러 가닥의 줄을 매달아 놓고 적당한 위치에 추를 달아가며 수곡선 아치의 장력을 실험했다. 줄과 추를 사용하여 아치 구조의 변곡점의 위치를 찾아 거울에 반사되는 모습(온전한 건물 형상으로 보임)으로 공간의 형태를 완성했다. 가우디는 자신이 분석한 구조와 디테일에 확신을 가지고 계속 실험했다. 지붕의 아치를 받치고 있는 거푸집을 제거할 때 두려워 피하는 인부를 대신하여 가우디는 지붕 밑에 웅크리고 앉아 꿈적도 하지 않았다. 벽돌 아치 구조물의 상부에 힘이 작용하면 그 힘은 아치를 따라 양 측면으

• 원시의 모성이 느껴지는 구엘 성지 지하제실 내부.

• 원시성을 상징하고 있는 거친 현무암 기둥.

로 작용한다. 이때 횡력을 받아주기 위해 바닥과 만나는 지점에 거대한 부축 벽을 지지대로 두는 것이 일반적이었다. 그 때문에 전체적으로 아치의 형태가 매끄럽지 못해 아름답지 않았다. 가우디는 이러한 부축 벽을 설치하지 않기 위해서 작업실에서 실과 추를 사용하여 수없이 수곡선 실험을 하며 아치의 골격을 탐색했다.

브루넬레스키는 피렌체의 산타 마리아 델 피오레 성당의 돔을 공간적으로 날렵하게 만들기 위해 이중 벽의 돔 구조를 개발했다. 당시로는 횡력 때문에 아치의 모양이 둔탁해지는 것을 아무도 해결하지 못했다. 그러나 브루넬레스키가 이를 해결했다. 로마 판테온의 돔보다 더 높은 브루넬레스키의 돔은 무명의 한 금 세공 기술자의 제안으로 시작했다. 그는 10여 년간 로마에서 고대 건축에서 판테온까지 공부했다. 4미터 대성당 벽 위에 9미터의 벽을 쌓고 그 위에 지름이 43미터에 달하고 높이가 4.5미터나 되는 돔을 이중 벽으로 안쪽에 지탱해주는 비계를 사용하지 않고 돔 자체의 하중만으로 전체하중을 지탱하여 정확하게 중심을 모으는 돔을 시공했다. 내부와 외부 돔으로 구성된 이중 돔이 서로 인장력으로 수직하중을 횡력으로 분산되는 것을 방지했다. 이중 돔 사이 공간에 석공들이 오르내렸던 계단을 통해 지금도 첨탑의 전망대까지 오를 수 있다. 브루넬레스키 돔은 영화 〈냉정과 열정 사이〉로 더 잘 알려져 있다. 독창적인 돔 공사에 필요한 기중기, 권양기들을 스스로 발명해가면서 공사를 진행했다. 그는 돔 위에 첨탑이 완성되는 것을 보지 못한 채 자신의 일부인 성당 남측 측랑 밑에 누워 있다.

400년 뒤 가우디 역시 자신만의 독창적인 수곡선 실험으로 구엘 성지 지하제실을 완성했다. 중심을 지지하는 4개의 기둥은 전혀 마름질 하지 않는 거친 현무암 기둥들로서 대지를 뚫고 화려한 벽돌 아치를 받치며 제단을 품고 있다. 돌의 숲을 실현하기 위해 가우디는 10여 년간 수곡선 모형을 이용하여 건물 형체와 구조 형식을 탐구했다. 천장에 부착한 마직 끈을 건물 배치에 따라 늘이고 산탄이 들어간 포대 추를 절곡점마다 매달아가며 건물의 구조를 추적한 결과 끈의 장력만으로 이상적인 구조의 뼈대인 수곡선 모형을 사진으로 촬영하여 건물의 외관이나 내부 구조로 발전시켰다.

자궁처럼 굴곡진 타원형 평면에 성삼위일체를 상징하는 쌍곡 포물선의 벽과 기둥으로 이루어져 있는 지하제실은 성경과 대지의 원시성을 가우디의 상상력으로 완벽하게 조율한 신의 선물이다. 성가족 대성당의 모든 디테일은 지하제실에서 탄생했다. 인간이 창조할 수 있는 가장 원시적인 울림을 이보다 더 통절하게 전율할 수 있는 공간은 없다.

1914년 경제적인 이유로 구엘 성지 공사가 중단되었다. 1918년 6월 평생 가우디의 든든한 후원자였던 구엘의 죽음

• 지하제실 내부에서 바라본 일반 창의 모습.

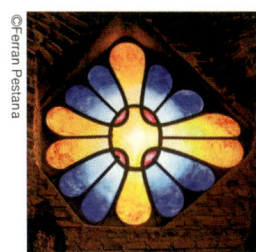  

• 지하제실 내부에서 바라본 스테인드글라스.

으로 구엘 성지 지하제실은 영원히 가우디의 손을 떠났다. 성삼위일체의 가톨릭 교리를 따르는 상징적인 의미가 포물선 아치 구조에 잠자고 있다. 지상층 공사를 위한 비계도 세우지 못한 상태로 구엘 성지 지하제실은 자연의 일부가 되었지만 지하제실 그 자체만으로 천재의 영혼을 느끼기에 충분하다.

==인간 탑 쌓기==
Castells

Antoni Gaudí

삶의 모습을 옮겨가다

◎ 가우디의 공동체 정신은 성가족 대성당에서 꽃을 피웠다. 하느님의 품에서 부자와 가난한 자들이 하나가 되었다. 속죄의 성전에서 바르셀로나 시민은 하나의 공동체로 다시 태어났다. 성가족 대성당은 거대한 보석 상자에 갇혀 있었던 교회의 제실을 과감하게 열었다. 도시로 열린 제단 그 자체로 성가족 대성당은 바르셀로나의 심볼이자, 영성의 등불이 되었다.

교회 내부 예배 공간을 거대한 자연의 숲으로 돌려주었다. 초기 로마 교회의 바실리카 성당의 겸손함으로 회귀했다. 그동안 도시의 성벽처럼 굳게 닫혀 있던 교회의 외벽을 도시의 열린 제단으로 개방했다. 파르테논 신전의 열주처럼 함께 보고, 느끼고, 감동하고, 속죄하며 바르셀로나 시민의 마음을 하나로 모아주는 열린 경전으로 조각했다. 자연의 숲을 형상화시킨 내부 예배 공간은 부자와 가난한 자의 영혼을 하느님의 품으로 끌어안았다.

18세 이후 지금까지 바르셀로나에는 부자와 가난한 자들이 함께 예수의 삶을 실천하는 행위예술을 지속하고 있다. 남녀노소 구분 없이 함께 모여 인간 탑 쌓기 축제를 즐기고 있다. 인간 탑 쌓기는 부자들과 가난한 자들이 서로 어깨를 내어주며 한 사람, 한 사람이 한 장의 벽돌처럼 포개져서 거대한 하느님의 공간을 쌓는 놀이다.

인간 탑 쌓기(castells)의 원어인 카스텔은 성(城)을 뜻하는 말로서 그 기원은 명확하지 않으나 발렌시아 지방의 어떤 춤에서 유래했다고 전한다. 발렌시아는 고대 그리스, 로마, 지중해 문화와 중세 이슬람 문화가 융합된 해양도시다. 카스텔은 스페인 북동부 카탈루냐와 그 인접

• 인간 탑 쌓기 축제를 벌이고 있는 모습.

지방에서만 전해지는 전통 축제의 하나로 사람의 몸을 이용하여 높은 탑을 쌓는 놀이이다. 예전에는 1년에 한두 번 정도 행사가 있었으나 오늘날은 카탈루냐 지방의 각 도시에서 서로 장소를 바꾸어가며 경기를 하기 때문에 매월 행사와 경기가 열리고 있다. 초기 춤의 한 부분에서 조그만 인간 피라미드 또는 인간 탑의 형상을 선보였는데, 이 피라미드가 점점 커지면서 원래의 춤과는 별도로 피라미드만을 쌓는 경쟁이 생겼고, 이 경쟁이 발전하면서 다양한 쌓기 방식이 개발되고, 마침내 인간 탑 쌓기 축제가 생겨났다.

종교행사의 일환으로 발전한 이 춤은 15세기까지 춤과 인간 탑이 혼용되다가 카탈루냐 사람들에 의해 춤보다는 인간 탑을 높이 쌓는 축제로 발전했다. 18세기에 이르러 남부 카탈루냐까지 확대되었으며 점차 도시의 축제로 확장되었다. 200년 전 타라고나 지방에서 전통적으로 즐기던 여러 층의 인간 탑 쌓기는 2010년 유네스코 무형문화제로 지정되었다. 다양한 축제와 경연으로 즐기는 인간 탑 쌓기는 이제 바르셀로나 공동체의 축제 문화로 자리 잡았다.

인간 탑 쌓기는 19세기 말에서 20세기 초 잠시 쇠퇴기를 걷다가 1980년대 여성이 본격적으로 참여하면서 명실상부한 마을 축제로 자리 잡았다. 협동정신에 바탕을 둔 인간 탑 쌓기는 지역 주민의 소통 수단이자, 공동체의 결속력을 다져주는 놀이다. 남녀, 노소 불문 지역 주민이 자발적으로 결성한 여러 그룹들이 생겨나면서 자연스럽게 바르셀로나의 문화로 정착했다. 작게는 수십 명에서, 많게는 백여 명이 넘은 인원들이 일사분란하게 인간 탑을 쌓는다. 이들은 어린이에서 어른에 이르기까지 자발적으로 기금을 마련하고 매주 체육관을 빌려 함께 연습하며 공동체 정신을 함양하고 있다.

바르셀로나 축제로 유명해진 인간 탑 쌓기에 참여하는 사람들은 모두 순수 아마추어 지역 주민들이다. 공동체의 축제는 소수의 전문가들이 공연하는 것이 아니다. 지역 주민이 함께 참여하고 준비하면서 공동체의 결속력을 강화시킨다. 인간 탑 쌓기의 특징은 누구나 참여할 수 있는 집단 놀이문화라는 것이다.

제일 아래층 기초(pinya)을 구성하는 지지층은 지나가는 관광객도 함께 참여할 수 있다. 부들부들 떨면서 서로를 의지하며 버티고 있는 모습은 현실을 위태롭게 살아가는 우리들의 모습이다. 아무런 장비도 사용하지 않고 오로지 인간과 인간의 육체만을 의지하며 쌓아올리는 인간 탑 쌓기는 인간의 모습으로 인간을 사랑한 예수의 모습이다.

산전수전 다 겪은 리더(cap de colla)의 지휘하에 일사분란하게 실시하는 탑 쌓기는 고도의 숙련이 필요한 운동이다. 제일 아래층 기초 부분은 흡사 나무의 뿌리처럼 원을 그리며 건장한 남자들이 중심을 형성하기 위해 어깨를 마주하며 튼튼하게 대지에 뿌리를 내린다. 그 위에 중심을 향해 손을 길게 뻗으며 건장한 남자의 엉덩이를 받쳐주고 그 위로 수직으로 인간 기둥을 쌓으며 8층에서 9층의 인간 탑을 쌓는다. 제일 꼭대기에는 어린이 두 명이 서로 어깨를 부여잡고 구부리고 그 위에 제일 작은 어린이(enxaneta)가 다람쥐처럼 쏜살같이 올라가 한 손

• 부들부들 떨고 있는 인간 기둥을 올라가는 어린이의 표정에 신의 모습이 스며 있다.

• 인간 탑 쌓기의 기초.

을 들었다 놓는 것으로 탑 쌓기는 절정에 이른다.

    십자가를 상징하는 어린이의 손은 순간적으로 하늘을 향하여 뻗기 때문에 촬영조차 쉽지 않다. 곧이어 개미처럼 위에서부터 차례대로 순식간에 흘러내리며 인간 탑은 해체된다. 순간의 기적을 위해 매주 모여서 함께 단련하며 신을 닮아가는 인간의 모습을 공연한다. 우리 삶의 모습을 이보다 더 극적으로 보여주는 퍼포먼스는 없다. 공연에 임하기 전에 모든 팀원들이 셔츠 깃을 입으로 꽉 깨무는 것을 볼 수 있다. 이것은 오르고 내리는 동료가 오르내릴 때 발이 미끄러지지 않게 하기 위한 배려다. 타인의 안전을 내 몸처럼 귀하게 생각하는 이타의 정신이 깔린 행동이다. 바지는 주로 흰색을 입고 허리에는 긴 검은 끈을 동여맨다. 이것은 허리의 충격을 완화해줄 뿐 아니라 나를 밟고 위로 올라가는 동료가 편하게 올라가도록 사다리의 발판 기능을 하고 바지가 흘러내지 않게 한다. 가끔 여성의 바지가 흘러내리는 와중에도 서로를 의지하며 지지하고 있다가 동료가 다 내려간 다음 급하게 바지를 끌어올리는 진풍경이 벌어질 때도 있다.

머리에는 삼각형의 붉은 스카프를 동여맨다. 이것 역시 오르내리면서 머리가 흘러내리거나 미끄러지는 것을 방지하며 팀워크를 강조하기 위한 목적이다. 제일 아래층을 지지하는 사람을 제외하고는 모두 신발을 벗고 올라간다. 상대방의 허리와 어깨를 발판 삼아 오르내리기 때문이다. 제일 상부에 올라가는 어린이들은 깜찍한 헬멧을 쓴다. 보기에도 아찔한 높은 곳을 기어오르는 어린이의 안전망은 오로지 헬멧 하나와 아래에서 지지하는 어른들의 몸이 전부이다.

인간 탑 쌓기의 상징적인 메시지는 공동체의 정신이다. 이 거대한 춤사위는 결국 예수 그리스도의 생애를 묘사하는 종교적인 춤의 연장이다. 2층에서 7층 기둥 모양으로 쌓아올린 사람들의 탑은 십자가의 기둥이자 종탑이다.

바벨탑 이야기를 성서에선 이렇게 적고 있다. 처음 세상에는 하나의 언어만 있었고 단어도 몇 개 되지 않았다. 그때 사람들은 동쪽으로 이동하다가 바빌로니아의 어느 평야에 정착하게 되었고, 자신들의 이름을 떨치기 위해 하늘까지 닿을 탑을 쌓기 시작했다. 이때 등장한 여호와는 사람들이 하는 짓을 보고 분노했다. 저들은 한 민족이며 하나의 동일한 언어를 사용하고 있다. 그래서 저들이 이런 일을 시작했으니 앞으로 마음만 먹으면 해내지 못할 일이 없을 것이다. 자, 우리가 가서 저들의 언어를 혼잡하게 하여 서로 알아듣지 못하게 하자. 여호와가 언어를 혼잡하게 하자, 사람들은 서로 소통하지 못해서 사방으로 흩어져 살게 되었다. 이것이 언어의 기원에 대한 이야기이자 언어의 다양성에 대한 기원이 담긴 이야기다. 바벨탑 이전이란 모든 인류가 단 하나의 언어, 하나의 보편 언어를 통해 서로 소통할 수 있었던 완벽한 공동체 시대를 말한다. 바벨탑 이후란 인간의 오만에 대한 신의 징벌이 내린 후 많은 언어들이 생겨나서 소통할 수 없게 된 시대를 뜻한다.

19세기 말, 세대와 계층 간의 분리와 차별의 아픔을 겪고 있었던 바르셀로나에 공동체의 바람이 불기 시작했다. 바르셀로나 인간 탑 쌓기는 물리적인 바벨탑이 아니라 그리스도의 정신을 통하여 공동체의 정신을 쌓아올리는 몸짓이다. 인간의 육체를 통하여 공유의 정신을 쌓아올리는 공동체의 형상은 기도하는 모습이다. 정신과 육체를 닦는 인간 탑 쌓기 놀이를 성가족 대성당의 첨탑으로 형상화시킨 인물이 가우디다. 인간 탑 쌓기는 바르셀로나 공동체, 나아가서는 카탈루냐 민족정신의 요체다. 가우디의 성가족 대성당의 18개 탑은 예수님의 12제자와 천사와 성모와 예수를 상징하고 있다. 또 각각의 탑은 인간 공동체를 위해 희생한 예수의 삶을 형상화한 인간으로 쌓은 탑이다.

성가족 대성당
Sagrada Familia

가우디의 과거, 현재, 미래

가우디 인생의 과거, 현재, 미래를 함축하고 있는 건물이 성가족 대성당이다. 가우디는 건축가가 아니라도 평생에 한 번은 만나야 할 성자다. 바르셀로나에 발을 들여놓은 이방인은 누구나 그의 상징이 되어 버린 성가족 대성당의 첨탑과 타워 크레인을 잊을 수 없을 것이다. 첨탑은 하느님 영성의 등대이며 기도하는 인간의 형상화다. 바르셀로나에서 성가족 대성당을 능가할 수 있는 랜드마크는 없다.

성가족 대성당은 바르셀로나의 정신적인 상징이며 바르셀로나 평원에 뿌리내린 카탈루냐 신앙의 숲이다. 몬세라트 수도원이 카탈루냐의 신앙의 뿌리라면 성가족 대성당은 카탈루냐 신앙의 나무이자 숲이며 등대다.

프로벤시아 거리에 접어드는 순간 성가족 대성당의 첨탑을 마주할

• 성가족 대성당 탄생 파사드.

수 있다. 대성당의 서쪽은 공원으로, 동쪽은 연못으로 성가족 대성당의 마당 역할을 하고 있으나 남측 영광의 파사드 전면은 건물이 길목을 막고 있다. 임시로 대성당의 주출입구를 맡고 있는 수난의 파사드는 가우디 생전에 만든 작품이 아니다. 가우디 사후에 그의 제자 수비라치가 만들었다. 4개의 첨탑은 가우디 생전에 만든 탄생의 파사드 첨탑과 동일한 재질과 모양으로 시공되었지만 하부의 조각면은 수비라치만의 해석으로 시공되어 있다.

성가족 대성당을 제대로 감상하고 싶은 사람은 서쪽 수난의 파사드에서 시계방향으로 한 바퀴 돌아서 전체 규모를 가늠하고 진입해야 한다. 성가족 대성당은 너무 거대하고 높아서 가까이 다가가서는 전체 모습을 제대로 감상할 수 없다. 1세기 전에 시공된 부분의 검게 변색된 화강석과 현재 만들고 있는 부분의 우윳빛 화강석을 대비하는 것도 성가족 대성당의 시간의 깊이를 감상하는 중요 포인트다.

군데군데 우윳빛으로 반짝반짝 빛나는 탄생 파사드의 조각들은 최근에 30년간 가우디만을 연구한 일본인 조각가의 작품들이다. 대성당의 준공 시기는 하느님만이 아는 비밀이다. 성가족의 얼굴인 첨탑은 아직도 동측 4개, 서측 4개만이 하늘을 찌를 듯이 솟아 있을 뿐 나머지 10개는 아직 비상하지 못하고 있다. 성가족 대성당은 가우디의 영혼이 무덤에 누워 공사를 지휘하고 있는 살아 있는 현장이다. 세계 4대 성당으로 불리는 바티칸, 밀라노 두오모 성당, 쾰른 대성당, 파리 노트르담 성당과도 완전히 다른 형상이며 스페인 3대 성당으로 불리는 톨레도, 레온, 부르고스 성당과도 전혀 다른 모습을 하고 있다.

1세기가 넘게 크레인을 세우고 공사를 하고 있는 성가족 대성당은 하늘 높이 솟아오른 탑만으로 그 존재를 과시하고 있다. 사실 가우디 생전에 완성된 것은 탄생의 파사드 제일 좌측 첨탑 하나에 불과했다. 성가족 대성당은 거의 모두다 가우디 사후에 그의 제자와 제자의 제자들의 손에 건축되고 있다. 가우디의 유령이 세기를 건너뛰며 현장을 지휘하고 있는 지구상에 단 하나밖에 없는 건축물이다.

100년의 숨결을 느끼기 위해 먼 길을 달려온 이방인들은 가우디의 손길이 살아 있는 탄생의 파사드에서 직접 눈으로 가우디의 체취를 확인하길 갈망한다.

가우디가 건축 감독직을 맡아 지하제실의 뚜껑을 덮을 때만 해도 바르셀로나 시민들은 19세기가 지나기 전에 준공 미사를 드릴 수 있으리라 믿었다. 그러나 1926년 가우디가 죽는 순간까지 대성당 공사는 노는 날이 더 많을 정도로 지지부진했다. 평생에 걸쳐 모은 가우디의 전 재산과 그의 인생과 열정을 오롯이 성가족 대성당에 쏟아부었지만 탄생의 벽면 하나조차 제대로 완성하지 못하고 떠났다. 그는 입버릇처럼 성가족 대성당 공사는 3대에 걸쳐 지어질 것이라고 말했다.

오늘날 지어지고 있는 성가족 대성당 공사는 각 시대별 총감독이 가우디의 부족한 도면과 모형과 제자들의 체험을 바탕으로 시대마다 조금씩 다른 공법으로 지어지고 있다. 마치 수난의 파사드가 수비라치의 해석에 따라 조각과 부조들이 추상적으로 제작되었듯이 영광의 파사드도 후배 건축가들의 해석에 따라 지어지고 있다. 그러나 성가족 대

- 공사 중인 성가족 대성당 탄생 파사드. 최근 공사한 화강석과 변색 화강석(100년 전 시공)의 대비가 절묘하다.

성당의 콘셉트는 가우디의 모형과 짧은 노트와 도면, 그의 구상을 전해 들은 제자와 제자의 제자들에 의해 가우디의 영혼이 지향한 원칙을 더듬으며 더딘 발걸음으로 지어지고 있다.

 시금 눈앞에 펼쳐진 성가족 대성당은 단순히 눈에 보이는 것에서 벗어나 이해하는 것으로, 이해하는 것에서 벗어나 체험하고, 가슴으로 느껴야 하는 가우디 영혼의 조각들이다. 우리를 내려다보며 쏟아내는 수많은 감정의 언어들이 풀어내는 이야기는 바르셀로나 민중을 깨우는 망치 소리이자, 지난 100년의 감동이 전율하는 역사의 울림이다.

공동체의 비전이 담긴 성가족 대성당

청운의 푸른 꿈을 안고 시작한 성가족 대성당 공사는 남루한 노인 가우디의 가슴을 짓누르는 시시포스의 돌처럼 그의 열정을 시험했다. 그의 주검 위에 서 있는 첨탑과 타워 크레인은 그의 가슴을 뛰게 한 영혼의 그림자이며 십자가의 수난이다. 평생 집을 짓는 것인지 공사비를 모금하러 다니는 사람인지 구별이 가지 않았던 성가족 대성당은 그에게 단순한 종교 건물이 아니라 삶의 중심이자 바르셀로나 공동체의 비전이었다. 가우디는 15년간 질질 끌었던 카사 밀라의 소송으로 받은 거액을 단 한 푼도 남김없이 몽땅 성가족 대성당 공사비로 헌납했다. 성가족 대성당은 이미 가우디에게 영혼의 집이자 무덤이자 부활의 성전이었다.

• 영광의 파사드와 탄생의 파사드 사이 공사 중인 입면.

• 수난의 파사드와 영광의 파사드 사이 공사 중인 입면.

　1900년 예수 탄생을 그린 첫 번째 벽면과 수도원 외벽 일부와 로사리오 예배당이 완성되었을 때만 해도 대성당 공사는 순탄하게 진행될 것 같았다. 대성당의 첫 삽을 뜬 이후 20년의 세월이 흐른 동안 변한 것이라고는 병든 할아비지처럼 쪼그라든 가우디의 육체와 분신처럼 공사 현장을 지휘하던 조수들이 하나 둘 세상을 떠난 것뿐이었다.

　친구들이 하나둘 사라질 때마다 그는 고독한 마음을 불사르며 대성당 공사에 몰입했다. 그러나 신은 가우디에게 중앙 홀과 십자 교차점에 대한 구조와 모형 제작을 통하여 겨우 예수 수난 도면을 마치는 것까지만 허락했다. 동측, 예수 탄생 벽면의 원형 종루가 한없이 느리게

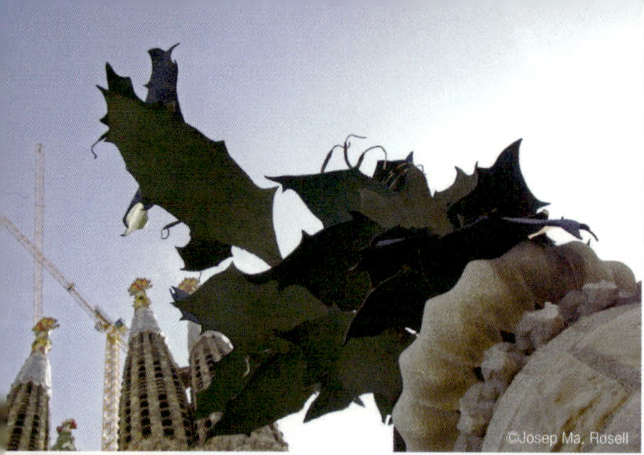
©Josep Ma. Rosell

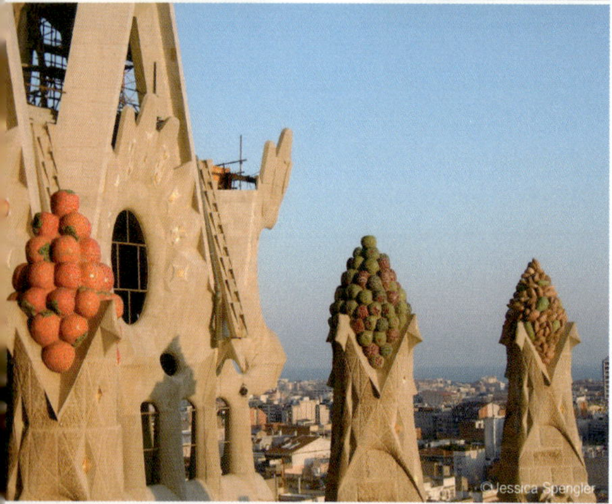
©Jessica Spengler

©Shaun Dunmall

©Jocelyn Kinghorn

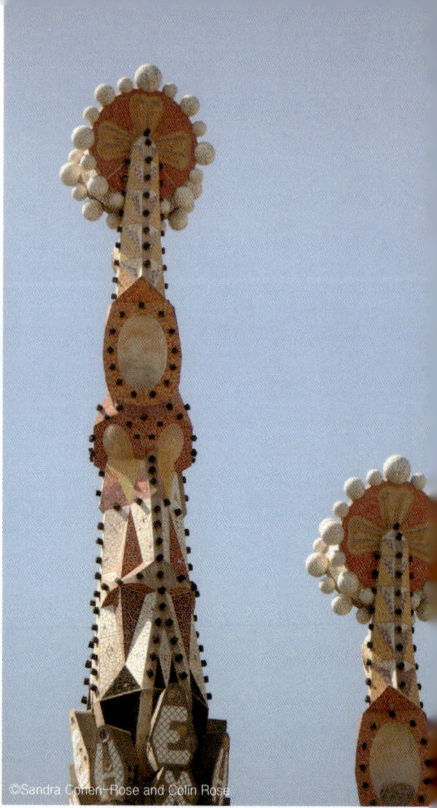
©Sandra Cohen-Rose and Colin Rose

©Barbara Eckstein

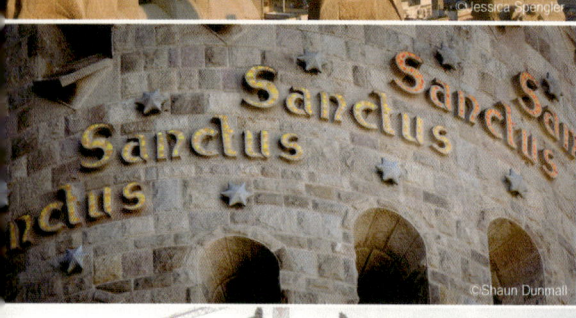

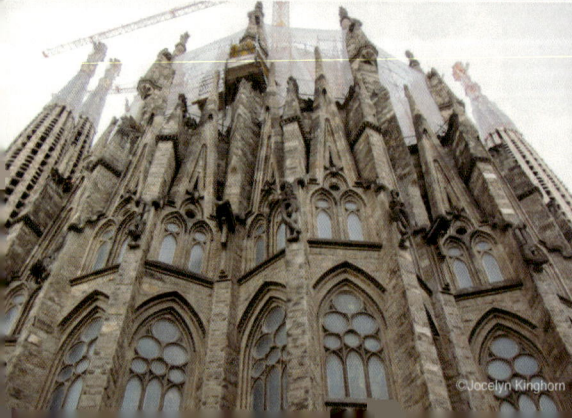

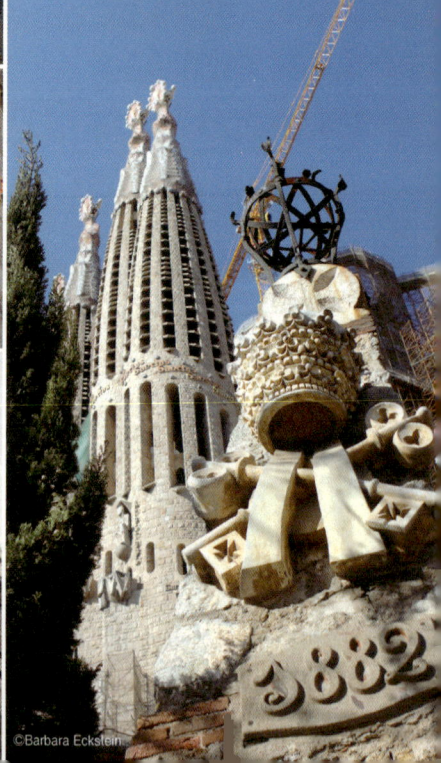

하늘을 향하여 올라가는 것이 그나마 위안이었다. 그중 하나가 1918년에 겨우 완성되어 가우디는 성가족 대성당의 위엄을 조금이나마 감지할 수 있었다.

이룰 수 없는 꿈의 실체였던 성가족 대성당은 당시 바르셀로나 형편으로는 지나치게 큰 규모였다. 그러나 성가족 대성당의 규모 산정에는 약간의 정치적인 판단이 따랐던 것으로 전한다. 가톨릭 교회의 규정상 교회 규모가 일정 규모 이하면 대성당 조합은 자치권을 잃고 주교보다 작은 조직인 교구가 관할하게 되어 있었다. 그렇게 되면 가우디의 계획안이 입방아에 오르내려 결국 변질되고 말 것이라는 생각한 가우디는 교회 건축은 규모가 클수록 좋다는 일반적인 원칙은 받아들였다. 그러나 단순히 500년 전의 세비아 대성당처럼 규모만 큰 교회가 되지 않도록 하기 위해 독창적인 성가족 대성당을 구상했다.

19세기 초엽 바르셀로나의 정치·경제 사정은 부자와 가난한 자로 급격하게 양분되며 빈부의 양극화를 초래했다. 빵 한 조각이 더 급한 사람들을 내버려두고 엄청남 자본을 투자하며 신의 궁전을 짓고 있는 가우디를 비난하는 깃은 당연했다. 그러나 매일 아침 대성당 공사 현장으로 몰려온 부자와 가난한 자들의 긴 행렬은 성가족 대성당이 모든

- 왼쪽 1 / 하늘을 마중하고 있는 성가족 대성당 첨탑.
- 왼쪽 2 / 첨탑의 상부 디테일.
- 왼쪽 3 / 첨탑 허리부분에 조각된 Sanctus(성스럽도다).
- 왼쪽 4 / 성가족 대성당 북측 파사드.
- 오른쪽 1 / 수난의 파사드와 영광의 파사드 사이의 낮은 첨탑.
- 오른쪽 2 / 성당 입구 옆에 있는 봉화대. 마타마라가 시공한 연도(1882)가 조각되어 있다.

시민들에게 열린 하느님의 품임을 인정하는 것이었다. 시간이 흐르면서 성가족 대성당의 공사는 바르셀로나 시민 공동체의 기념비이자 신앙심의 성소로 발전하고 있었다.

성가족 대성당은 오로지 시민들의 자발적인 헌금 행렬만으로 세월과 시간을 비웃으며 한없이 더디게 벽돌을 쌓아올리고 있었다. 가우디 생전에 성가족 대성당은 이미 순례객들로 넘쳐나기 시작했다. 스페인 알폰소 국왕을 비롯하여 이사벨 공주, 알베르트 슈바이처 박사를 비롯한 명망 있는 해외인사들까지 앞 다투어 성가족 대성당을 다녀갔다. 카탈루냐 민족주의자답게 스페인 공용어가 아닌 카탈루냐어만을 고집하는 가우디 때문에 명사들은 어리둥절했지만 성가족 대성당의 독창적인 공간만으로 전 세계인의 주목을 받기 시작했다.

가우디는 하느님을 높이 받들고 경배하는 고딕 양식의 교회가 아니라 성모님의 품에서 서로 화합하며 사랑을 나누는 공동체의 신전을 지었다. 이런 믿음으로 "듣는다는 것은 믿음이 있음을 뜻하고, 본다는 것은 영광을 뜻한다. 왜냐하면 영광이란 곧 하느님의 보심, 즉 비전을 의미하기 때문이다" 하고 그는 말했다.

성가족 대성당 품에서 시민들이 진정으로 하나가 되기를 기원한 가우디는 사제단의 좌석조차 지방 교구의 사제까지 일일이 숫자를 확인하며 만들었으며, 눈에 보이지 않는 비전을 공유하기 위해 외벽을 살아 있는 경전으로 조각했다. 첨탑의 종루마저 거대한 파이프 오르간의 울림통으로 활용하여 어디에서나 아름다운 화음으로 하나가 되도록 했다. 당시 흑백 톤의 가톨릭 문화를 개혁하여 화려한 색상의 모자

• 수난의 파사드. 예수와 성모, 천사, 12사제를 싣고 하늘로 떠나는 거대한 노아의 방주를 연상시킨다.

이크를 사용하여 종루에 호산나라는 글자를 새겨 넣었다. 이전까지 빨강색(열정), 검정색(죽음), 자주색(속죄) 위주의 칙칙한 색을 벗어던지고 믿음(녹색), 소망(파랑), 사랑(노랑)을 상징하는 밝은색으로 과감하게 혁신했다. 이성에서 감성으로 교회의 색을 바꾸어 돌의 숲을 가난한 민중들에게 돌려주었다.

성가족 대성당, 수난의 파사드(Passion Facade)

성가족 대성당을 방문하는 사람은 누구나 수난의 파사드를 통하여 내부 예배당으로 진입하며, 내부 회랑을 통과하여 탄생의 파사드로 걸어간다. 프로벤시아 거리에서 수난의 파사드로 다가서는 느낌은 거대한 고슴도치가 등 위에 첨탑을 가득 세우고 어디론가 걸어가고 있는 모습이다. 가까이 다가갈수록 삼각형의 꼭짓점이 거대한 함선의 뱃머리처럼 하늘 높이 솟구치며 창공으로 날아오르는 형상이다. 그 위에 우뚝 솟은 십자가를 확인하는 순간 종탑 사이를 연결하는 아치가 삶과 죽음을 이어주는 시간의 허리처럼 손짓했다.

수난의 파사드 앞으로 다가갈수록 하늘을 찌를 듯 솟아오른 종탑들은 소거되고 거대한 삼각 갤러리의 위용이 심장을 압도하며 다가왔다. 수난의 파사드는 동측 탄생의 파사드와 정확하게 대칭되는 위치에 서로 마주 보고 있으며 마치 십자가의 양팔처럼 놓여 있다. 하늘 높이 솟아오르는 거대한 방주에 오를 수 없는 허망함으로 다가선 갤러리는 예수의 수난과 죽음을 안타깝게 바라보는 인간의 마음을 전시하고 있다.

수난의 파사드 남측은 아코디언의 주름처럼 빛의 통로가 영광의 파사드까지 길게 이어지고, 그 앞에 다소곳이 자리한 성가족 부속학교의 굴곡지붕이 수난의 파사드를 몰아치다 부서진 파도의 조각처럼 누워있다.

   삶과 죽음 사이를 곡예하듯이 살아가고 있는 우리 인간들이 예수의 죽음을 통하여 왜, 어떻게 살아가야하는지에 대해 깊은 성찰을 하게 하는 곳이 수난의 파사드다. 하늘을 찌를 듯 솟아오른 6개의 경사 기둥이 삼각편대의 경사면을 따라 흘러내리며 5개의 쌍곡 포물선 아치를 구성하고 있다. 포물선 아치와 내부 부조 사이의 갤러리(포르티코)는 파르테논 신전 열주와 그 뒤의 벽면이 만들어내는 빛과 그림자의 원시성으로 신성함의 깊이를 더하고 있다.

   돌의 거푸집 속에 철근 콘크리트 구조를 감추고 있는 6개의 경사 기둥은 아치를 그리며 3개의 출입구를 품고 있다. 중심의 가장 장대한 포물선 아치가 품고 있는 벽면은 사랑(선행)을, 좌측이 소망, 우측이 믿음을 상징하는 조각들로 채워져 있다. 입면을 5등분하는 경사 기둥들이 빛과 그림자의 주술로 갤러리의 깊이를 조정하며 출입구의 신성함을 강조하고 있다. 주출입구 앞을 다가서는 순간 무심한 석주가 발길을 막아선다. 기둥 뒤로 낯익은 예수의 두상이 조심스럽게 얼굴을 살짝 드러내고 있다. 이 기둥은 예수의 탄생을 기점으로 AD와 BC를 구분하고 있다. 수난의 파사드를 장식한 모든 조각의 비밀은 조각가 수비라치의 손에 의해 이루어졌다.

©Abir Anwar

©Konstantin Ponomarenko

• 위 / 수난의 파사드. 전면 포물선 아치 아래 나체로 십자가에 매달린 예수상.
• 아래 / 베로니카의 베일. 십자가를 짊어지고 걸어가는 예수상과 대칭점에 가우디의 얼굴이 로마 백부장들 발치에서 근심스럽게 예수를 바라보고 있다.

가우디 사후, 조각가 수비라치는 1년간의 노심초사 끝에 수난의 벽면을 빚었다. 찬사와 비난이 물과 기름처럼 확연히 구분되었던 수비라치의 전술은 가우디의 상상력이 빚어놓은 선물이다. 그는 가우디라면 어떻게 했을까를 고민하고 고민했다. 그리고 단 한 번도 같은 공간과 입면의 건물을 설계하지 않았던 가우디의 정신을 성찰했다.

가우디 생전에 만들어놓은 탄생의 파사드는 사실적인 실물 크기로 펼쳐놓은 돌의 성경이다. 왜냐하면 탄생은 인간이 관장할 수 있는 영역이기 때문이다. 그러나 수난과 죽음은 인간이 상상할 수 있지만 신이 관장하는 비밀의 영역이자 미지의 영역임을 수비라치는 간파했다. 수비라치는 모든 부조와 조각을 추상적인 현대 조각으로 빚었다. 수난과 죽음을 과거가 아니라 미래의 시작인 현실의 심장으로 인식했다. 빛과 그림자의 농간에 시달리며 살아가는 인생처럼 수만 가지 얼굴로 춤을 추는 죽음을 추상적인 질감의 조각으로 빚었다.

높게 도드라진 중앙 출입구의 벽면은 사랑(선행)을 상징하며 수난의 파사드 중심을 지배하고 있다. 위로부터 십자가에 못 박힌 나체의 예수상이 무심하게 내려다보고 있다. 16세기 초 미켈란젤로의 다비드상처럼 예수의 나신을 육체적인 것, 정신적인 것, 도도함과 소박함을 가진 인간의 원초적인 아름다움으로 조각했다. 나신으로 귀환하는 예수의 죽음이 석양에 빛날 때 예수는 죽음의 그림자를 털고 금빛 은총에 싸여 부활하고 있었다. 그 아래 베로니카의 베일 위로 로마군의 채찍을 받으며 골고다 언덕으로 십자가를 지고 가는 예수와 좌측에 예수를 물끄러미 바라보는 가우디의 조각상이 가난한 우리 마음을 대신하고 있다. 예수의 피 묻은 얼굴을 닦아준 예루살렘 여인의 손수건을 상징하는 '베로니카의 베일'을 펄럭이는 깃발처럼 중앙에 배치한 것에는 예수의 죽음을 통하여 인간들이 선한 마음을 되찾기를 기원하는 수비라치의 소원이 담겨 있다. 그 아래 출입문 좌측에 유다가 예수의 볼에 키스하는 장면과 꼬리치는 뱀, 우측에 고통스러워하는 베드로의 조각들은 모두 하나같이 빛과 그림자에 갈대처럼 흔들리는 인간의 마음을 그리고 있다.

    좌측 소망의 벽면 상부에는 예수의 수의를 나눠 갖기 위해 제비뽑기를 하고 있는 로마 병사들의 조각상이, 그 아래에 말을 타고 예수를 찌른 롱기누스의 창과 그 아래 최후의 심판 조각상들이 인간의 사악한 이기심을 전시하고 있다. 우측 믿음의 벽면은 상부의 예수의 시신을 받는 장면, 그 아래 예수 대신 십자가를 짊어진 시몬상과 제일 아래 빌라도 총독과 로마군의 조각상들이 예수의 죽음을 바라보는 인간의 상이한 마음을 암시하고 있다.

    예수의 수난과 죽음을 묘사한 추상적인 조각들은 빛의 매개로 역사 속의 죽음을 시적으로 현실에 불러내어 비틀거리며 살아가는 우리 삶을 죽비로 내려치듯 다시 한 번 더 통찰하게 만들었다. 시선의 위치에 따라 표정을 달리하며 빛과 시간의 리듬에 따라 춤을 추는 추상조각이 가난한 우리 영혼의 호수에 돌을 던지고 있다. 때로는 추상이 사실보다 더 사실적으로 인간의 마음을 상징할 수 있음을 수비라치는 알고 있었던 것 같다.

　수난의 파사드가 노을에 붉게 물들어갈 때 죽음의 추상성은 마침내 깨어났다. 추상적인 조각의 선과 질감들이 노을의 붉은 물감으로 옷을 갈아입고 시간의 침묵 속에서 가난한 우리 영혼을 노크했다. 그리고 노을의 향기처럼 깊은 울림의 여운을 길게 드리웠다. 수난과 죽음보다 우리 인간에게 삶의 본질을 통찰하게 하는 것은 없다.

　예수의 주검을 군더더기 없이 현대 조각으로 마무리한 조각가 조셉 수비라치는 가우디의 정신은 따르되 자기만의 독창적인 스타일로 죽음을 조각했다. 곡선 대신 직선으로 이루어진 거친 질감의 조각들은 인간의 눈이 아닌 하느님의 시각으로 보고, 느낄 수 있는 시적인 추상성을 노래하고 있다. 죽음이 지나치게 사실적이라면 하느님의 마음에 다가설 수 없음을 역설하고 있다. 빛을 받아들이는 깊이에 따라서 수난 과정은 평면적인 느낌에서 벗어나 3차원 입체적으로 그 깊이를 더하며 공간을 지배했다. 수많은 감정의 변화가 교차하는 인간의 마음을 수비라치의 조각들이 말없이 보여준다.

돌로 빚은 거대한 빛의 숲, 예배당

　2010년 11월 교황 베네딕토 16세의 성가족 대성당 미사 집전을 계기로 베일에 싸여 있던 성가족 대성당 내부 공간이 웅장하게 그 속살을 드러냈다. 거대한 빛의 숲은 상상 속의 에덴동산을 돌로 빚은 것이다. 약관 30대 가우디의 상상력이 빛의 숲으로 완벽하게 부활했다. 가

가우디 생전에 완성된 지하제실과 탄생 입면만으로 돌의 숲을 상상하기에는 역부족이었다. 초기 교회의 전형인 바실리카 양식을 따르는 교회 평면은 그리스도 본질인 청빈과 설교에 회귀하려는 가우디 상상력의 실현이다.

십자가 회랑 중앙을 받치고 있는 4개의 기둥이 교회 평면의 중심이다. 예수를 상징하는 중앙 첨탑을 받치고 있는 4개의 기둥 주위로 4개의 첨탑이 천사처럼 둘러싸며 은총의 빛을 뿌려주고 있다. 다양한 빛들이 기둥 구조와 장식들과 마주치며 밤하늘의 별처럼 반짝이고 있다. 스테인드글라스의 무지갯빛들이 색을 입히는 순간 300여 가지의 빛의 스펙트럼은 고딕 성당의 엄숙한 빛과는 비교할 수 없는 모성의 분위기로 가난한 영혼들을 품어주었다.

북쪽 제단을 감싸고 있는 타원형 벽면은 지하제실 외벽과 이어져 있으며 가난한 자들의 교회, 속죄의 성전이었던 산타 마리아 델 마르 성당의 장식 없는 제단을 닮았다. 동, 서, 남 각 정문에 각각 12사도를 상징하는 4개의 탑이 내부 예배 공간을 보호하고 있으며 십자가 회랑의 교차점에 예수를 상징하는 중앙첨탑이 4개의 첨탑의 호위를 받으며 교회의 중심을 상징하고 있다. 제단 상부에 성모마리아에게 바치는 탑이 들어서고 2개의 성구실 돔이 제단 좌우측을 장식할 것이다. 측면에 마련된 2층 난간에는 천여 명의 성가대가 자리할 것이다. 파이프 오르간의 연주가 울려 퍼지는 순간 성가족 내부 공간은 천상의 메아리로 가득 찰 것이다.

• 성가족 대성당 예배당 내부 십자회랑 교차부에서 탄생의 파사드로 바라본 천장. 환상적인 빛이 천장에서 뿌려지고 있다.

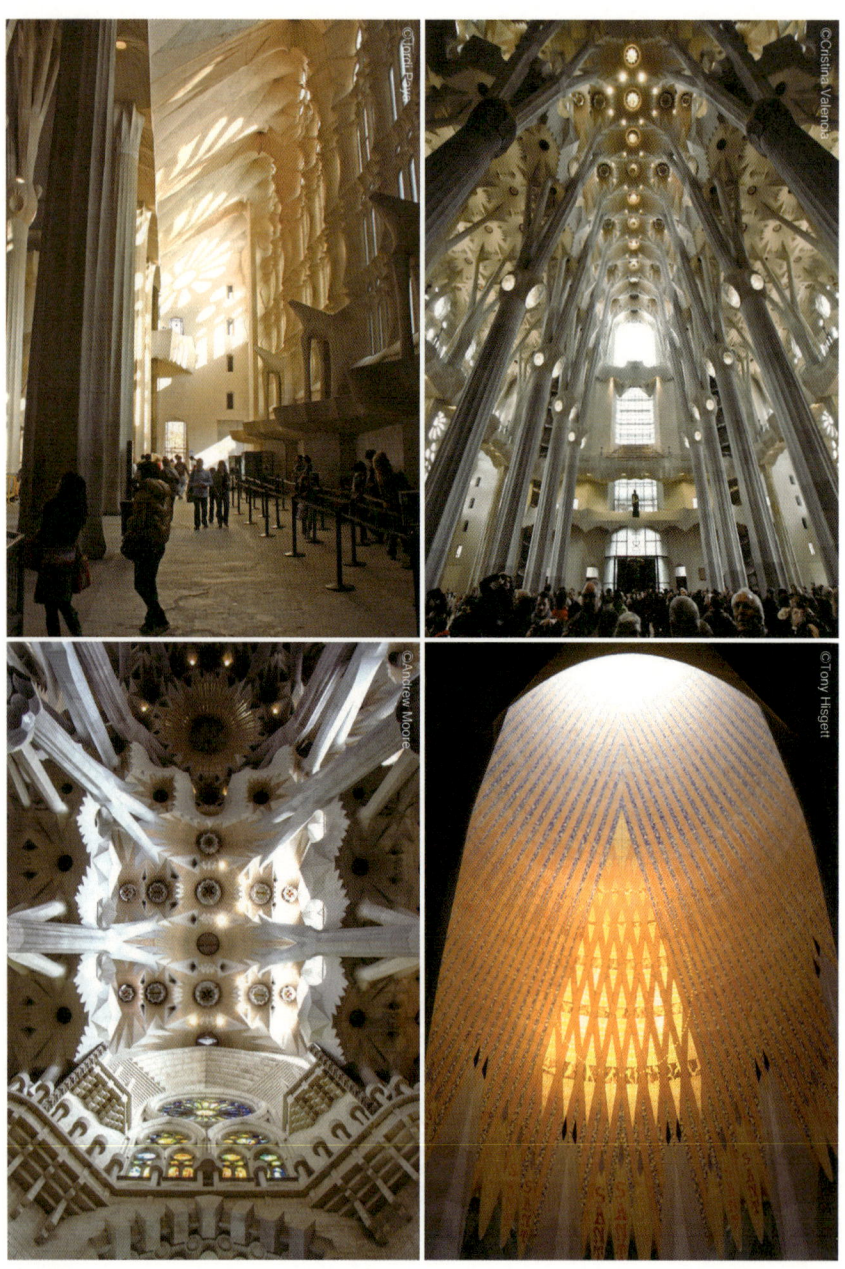

스페인은
가우디다

영광의 파사드는 현실이자 부활을 상징하고, 탄생의 파사드는 과거를, 수난의 파사드는 미래를 상징하고 있다. 수난의 파사드 입구에서 바라보면 탄생의 파사드 입구가 보이고, 탄생의 파사드 입구에서 바라보면 수난의 파사드 입구가 보인다. 수난과 탄생, 탄생과 수난은 동전의 양면처럼 우리 삶의 양면임을 암시하고 있다.

화려한 금빛 조각들로 장식되어 있는 고딕 성당의 제단과 다르게 성가족 대성당의 제단은 장식 없는 둥근 벽이 성모님의 품처럼 천개를 품고 있으며, 7개의 팔에 지지된 7각형의 천개 아래에 십자가상이 공중에 매달려 있다. 세비야 대성당의 콜럼버스 관이 공중에 떠 있는 것은 콜럼버스가 스페인에 묻히기 싫어했기 때문이라 하지만 천개에 매달려 있는 예수상은 예수가 땅과 하늘, 인간과 신을 이어주는 매개자임을 알려주고 있다.

십자가 교차부의 중심 기둥은 상부 170미터 높이의 예수를 상징하는 첨탑과 그 주위 4개의 첨탑을 받쳐주는 구조적으로 가장 많은 하중을 받는 부분이다. 가우디는 생전 지붕 하중을 고려하여 철골이나 특별한 기둥을 상상했지만 현재 돌로 피막을 입힌 철근 콘크리트 기둥으로 설치되어 있다. 4개의 기둥 어깨에는 각각 마가, 마테, 누가, 요한 복음서를 상징하는 사자, 사람, 황소, 독수리 문장이 빛나고 있다. 그 외에

- 위 왼쪽 / 측면 내부 발코니 하부 전경.
- 위 오른쪽 / 십자회랑 교차부에서 수난의 파사드를 바라본 전경.
- 아래 왼쪽 / 탄생의 파사드 출입구 쪽 천장 장식.
- 아래 오른쪽 / 제단 상부 천창의 빛을 천개에 뿌려주는 천장 장식.

• 영광의 파사드와 수난의 파사드 사이의 외벽 창에서 투사해 들어오는 빛.

많은 기둥들에는 수호성인의 제례를 기념하는 사제들의 문장들이 빛나고 있다. 인간의 열정을 상징하는 기둥의 가지들이 하늘로 손을 뻗으며 작은 쌍곡면 볼트를 지지하며 하늘과 인간의 교섭을 상징하고 있다.

19세기말 바르셀로나는 권력화된 기독교의 우산(성령)을 쓴 아버지(교회 성직자)들이 아들(민중)을 핍박하고 있었다. 가난한 양떼들이 길을 잃고 헤맬 때 가우디가 나타나 인간은 누구나 탄생과 죽음 사이를 비행하는 이카로스임을 선언했다. 탄생은 성장을, 죽음은 수난을, 행복은 영광을 상징하는 각각의 길을 걸어가는 것이 인간임을 조각했다. 가난한 민중들은 중세의 기둥을 닮은 성직자의 일방적인 설교를 원하지 않았다. 바닥(민중)과 기둥(아버지)과 천장(성령)의 위계는 분명이 존재하지만 하느님의 말씀으로 하나가 된 성모님의 품에서 위로받기를 기원했다.

가우디는 평생의 숙원인 성삼위일체 원리를 건축 공간에 실현하기 위해 성가족 대성당을 지었다. 교회의례연감을 읽으면서 교회 공간의 본질을 탐구했던 그는 콘스탄티노플 회의(A.D. 381)에서 아버지와 아들, 성령이 모두 하나의 본질(mia ousia), 본성(mia physis), 신성(mia theotes)로 서로 다른 위격을 가지지만 동일본질(homoousios)이라는 정의를 따랐다. 그리스도 품에서 인간 예수는 현실이지만 동시에 이 세상과 완전히 구분되고 그 근원이 이 세상에 있지 않는 신적 실체를 뜻하는 초월자의 지위를 가지고 있었다. 그러나 인간의 세계(바닥)는 그 자체로 단절되어 있지 않고 하느님의 계시(벽과 기둥)를 통해 하느님(천장)을 향해 개방되고 한 인간으로서 완전한 예수의 삶을 닮을 수 있

• 영광의 파사드 출입구 쪽에서 제단을 바라본 전경.

• 성가족 대성당 제단. 화려하게 빛나는 천개 아래 예수상이 매달려 있다.

다고 가우디는 믿었다.

　성가족 대성당의 내부 공간은 서로 구분되지만 전체적으로 공존하고 있다. 기둥은 기둥 자체로 독립적이기보다 8각형의 줄기가 원형으로 순회하며 생명의 가치를 하늘로 뻗어 올리며 자연의 숲처럼 지붕과 손을 잡고 있다. 가우디는 신적 존재에 대한 지나친 형이상학적인 맹신으로 성삼위일체를 왜곡한 중세 교회의 전통에서 과감하게 벗어나 교회의 본질을 실현하기 위해 가우디는 성가족 대성당을 지었다. 성가족 대성당에 들어서면 천상의 빛이 성모의 손길처럼 하늘에서 뿌려지고, 별과 달과 새와 바람의 천사들이 지친 민중들에게 안식을 선물한다. 성가족 대성당은 완벽한 돌의 경전이자, 돌의 숲이자, 돌로 만든 성모의 품이다.

돌에 새긴 성서, 탄생의 파사드

가우디의 영혼이 잠자고 있는 성소가 탄생의 파사드다. 가우디 생전에 그의 마지막 열정이 오롯이 숨 쉬고 있는 유물 같은 조각 작품이다. 예수 탄생 파사드를 바라보고 있으면 장엄한 은총의 빛이 세 가닥의 포물선 아치를 그리며 벽면을 3분할하고 있다. 지난 세기의 역사가 고스란히 묻어 있는 탄생의 파사드는 가우디가 새긴 돌의 경전이다. 양쪽 기둥 하부의 거북이 조각은 '바쁠수록 천천히'라는 코시모 데 메디치 가의 상징을 담고 있다.

거대한 포물선 아치 위로 4개의 첨탑이 각각 2개씩 짝을 이루며 하늘로 솟아오르고 있다. 중앙에 십자가를 지고 있는 사이프러스 형상의 성탄절 나무 위로 평화를 상징하는 하얀 비둘기 떼가 십자가를 호위하며 날아오르고 있다. 종탑의 허리 부분에 Sanctus(거룩하다), 탑의 상부에는 Hosanna Excelsis(하늘 높은 곳에 호산나)란 글자가 가우디만의 독창성을 조각하고 있다.

탄생의 파사드는 3개의 포물선 아치가 벽면을 파고들며 좌측은 소망, 중앙은 사랑, 우측은 믿음으로 각각의 장으로 나뉘어 있다. 3장의 화면으로 구성한 돌의 책은 조각가, 다양한 장인들의 손을 빌려 가우디가 연출했다. 상상 속의 동물이 입을 벌리고 있는 형상이 시선을 압도한다. 그 속에 사도들에 둘러싸인 마리아의 대관식이 중심임을 강조하고 있다. 그 아래에 수태고지, 그 아래에 아기 예수를 축하하는 천사들의 조각상들이 출입문 기둥 상부의 아기 예수 탄생 조각을 감싸고 있다. 출입문 좌측엔 동방박사들이 아기 예수를 경배하는 장면을 담은 조각이 우측엔 목동들이 아기 예수를 경배하는 조각이 실물 크기로 조각되어 있다.

좌측 소망 벽면의 제일 위에서부터 요셉과 마리아의 결혼식 장면의 조각이, 그 아래 출입문 상부에 요셉과 함께 있는 예수, 출입문 좌측에 에굽에서의 탈출과 오른쪽에 무고한 어린이들의 죽음 장면이 아기 예수탄생을 극적으로 묘사하고 있다. 오른쪽 믿음 벽면의 제일 상부에서부터 아기 예수 탄생을 축하하는 조각이, 그 아래 유대 선생과 함께 있는 예수 조각상이 있고 출입문 좌측에는 아기 예수를 발견한 요셉과 마리아 조각상이, 우측에는 나사렛에서 목수로 일하는 예수가 실물 크기로 조각되어 있다.

거대한 벽면을 가득 채운 각종 부조와 조각, 동식물과 다양한 형상의 조각 작품들이 실물 크기로 배치되어 있다. 정어리잡이 배, 은하수, 황소머리, 파충류에서 나귀에 이르기까지 모두 가우디 주변에서 발견한 실물들을 도르래로 들어 올려 위치와 스케일을 확인하고 나서 주형을 뜨고 조각했다. 벽면을 장식하고 있는 예수, 요셉, 마리아, 성인, 천사 들은 하나같이 주변 인물들이 모델이 되었다. 수위가 유다, 산양치기가 빌라도, 주위 기술자와 석공들이 모두 조각으로 탄생했다.

• 탄생의 파사드의 사랑 부분. 아기 예수 탄생을 축하하는 천사들의 조각상.

　살아 있는 종교는 상상 속의 이야기가 아니라 사실적으로 묘사된 현실임을 가우디는 믿고 있었다. 자연은 신의 작품이듯이 사물과 인물들은 모두 신의 작품이다. 가우디는 허구의 대상을 재현하는 것은 미친 짓이라고 생각했다. 예수와 성자는 주변 인물들의 심성 속에 있다고 믿었다. 그는 완성된 조각품을 파사드의 지정된 자리에 올려놓고 실제 조각을 바라보는 민중의 시각에서 왜곡된 부분을 수정했다.
　조각과 부조와 인물들은 모두 정지된 화면이 아니라 가우디의 연출에 따라 하느님의 경전을 외치고 있는 배우들이다. 웅장한 오페라의 한 장면처럼 눈으로 볼 수 있고 가슴으로 들을 수 있는 하느님의 말씀이

• 탄생 파사드 좌측 소망 부분. 요셉과 함께 있는 예수를 중심으로 좌로 에굽에서의 탈출 장면과 우로 무고한 어린이의 죽음 장면이 조각되어 있다.

었다. 상상력의 빛을 쫓아가는 생각의 나비들이 그림자의 농담으로 빚어낸 조각들이 수만 가지 이야기를 노래하는 성령의 실체라고 믿었다.

가우디는 글자를 모르는 가난한 영혼들이 눈으로 볼 수 있는 돌의 성서를 조각했다. 하느님의 성령을 가슴에 모시고 느끼기를 기원했다. 번쩍번쩍 빛나는 고딕 성당의 제단을 가난한 바르셀로나 민중들에게 돌려주었다. 당시 바르셀로나에 팽배했던 염세주의와 허무주의를 경계하기 위해 진실한 가족의 중요성, 청렴한 직업관 등 새로운 미래를 위한 하느님의 사랑을 모험적으로 펼쳐놓은 가우디의 실험작이 탄생의 파사드다.

베일 속에 가려 있는 영광의 파사드

영광의 파사드는 애석하게도 아직 그 형체를 가늠할 수 없다. 영광의 파사드에 빛의 세레나데가 울려 퍼지는 순간 대성당은 마침내 빛으로 충만한 돌의 숲으로 태어날 것이다. 영광의 파사드를 가로막고 있는 건물들이 훗날 철거되고 나면 진입축의 장관을 즐길 수 있을 것이다. 그 속에 가우디의 영혼이 소리 없이 빛나고 있을 것이다.

영광의 파사드는 생명의 빛을 의미한다. '신과 이스라엘 민족과의 계약인 십계를 조각한 석판이 들어 있는 계약의 궤'와 '인류 구제의 희망을 상징하는 노아의 방주', '나사렛의 성 가족의 집'의 조각상이 생명의 빛을 실현할 것이다. 나사렛의 성가족의 집을 상징하는 입구의 이

• 베일 속에 가려 있는 영광의 파사드.

• 야간 조명에 빛나는 성가족 대성당 탄생의 파사드. 돌의 경전이 성령의 빛으로 거룩하게 물들어가고 있다.

중 열주가 회랑을 장식하며 그 아래 7개의 입구가 성가족 대성당의 주출입구임을 강조하게 된다. 중앙의 5개 출입구는 성당 내부 5개의 회랑으로 동선을 유도할 것이며, 좌우 2개의 출입구는 각각 세례당과 속죄 예배당으로 인도하며 주진입구의 위상을 강조할 것이다.

이들 상부에도 역시 4개의 탑이 서고, 탑의 전면에는 7개의 성사를 상징하는 7개의 고깔이 하늘 높이 솟아오르고, 그 위에 흰 구름이 자유롭게 흐르며, 그 위에 주기도문이 기록된다. 세례, 종유, 서품, 성체, 견신, 결혼, 고해성사를 의미하는 7개의 주기도문의 글자들이 하늘높이 엄숙하게 세워질 것이다.

영광의 파사드는 가우디의 모형에 따르되 재료와 구조와 장식은 현대의 기술에 의존하며 지어지고 있다. 하늘과 땅을 칭송하는 영광의 파사드 앞으로 장엄한 기도 행렬이 도열하는 순간 속죄의 성전은 마침내 빛을 발할 것이다. 단순히 듣는 것으로 믿음을 세우는 것이 아니라 보고 느끼고 실천하는 것으로 하느님의 영광을 경배하는 돌의 성서가 펼쳐질 것이다. 성가족 대성당은 하늘과 땅을 연결하는 매개자일 뿐 아니라 하늘과 땅 사이에 공존하는 인간을 품어주는 성모님의 가슴이다.

가우디 사후 100주년이 되는 2026년에 성가족 대성당을 준공한다는 야심찬 계획이 발표됐으나 스페인 경제 위기 속에 모금활동이 제대로 이루어질지는 미지수다. 성가족 대성당이 완성되는 순간 현재를 상징하는 영광의 파사드, 과거를 상징하는 탄생의 파사드, 미래를 상징하는 수난의 파사드가 완벽하게 성삼위일체 사상으로 충만한 돌의 숲이 펼쳐질 것이다.

"내일은 재밌는 일이 있을 거야!"

가우디, 미완성의 죽음

1883년 가우디와 로렌소가 함께 작업한 이후 두 사람은 분신처럼 43년간 서로의 동지가 되어주었다. 평생의 동반자였던 조수 로렌소가 피부암에 걸려 작업장을 떠나는 순간 가우디는 혼자서 성가족 대성당 작업장으로 출근하는 것조차 싫었다. 1925년 가을 주변 친구들과 조수들조차 가을 낙엽처럼 하나 둘 자신의 곁에서 떠나가자 가우디는 마침내 침실을 성가족 대성당 지하 작업실로 옮겼다. 가우디는 매일 시계처럼 정확하게 작업을 끝내고 규칙적으로 도시를 가로질러 고딕 지구까지 걸어 내려가 마지막 남은 친구 아구스티마스와 자신의 주치의 산탈로 박사를 만나는 것으로 하루 일과를 마감했다.

1926년 6월 7일 월요일 5시 30분, 가우디는 시계추처럼 정확한 시간에 친구를 만나러 성가족 대성당을 나섰다. 성당을 나서면서 조수에게 "내일은 재밌는 일이 있을 거야"라며 농담을 던지며 손을 흔들었다. 투박한 손길이 황혼의 망토 자락처럼 길게 동쪽 하늘로 기울어지기가 무섭게 가우디는 바일렌 거리를 따라 그란비아 거리까지 자로 잰 듯이 걸어 내려갔다.

그 시각 30번 전차는 6시의 석양을 향하여 허겁지겁 달려오고 있었다. 며칠 전 가우디와 함께 길을 걷던 조수 마타말라가 이곳에서 발을 삐어 넘어졌다며 주의를 주었던 곳이었다. 기관사는 철로 가까이 있는 노인을 발견했으나 피할 것이라 판단하고는 전차의 속도를 줄이지 않았다. 가우디는 전차를 피하지 못했다. 차장은 잠시 전차를 멈추고 뼈만 앙상하게 남은 남루한 노인의 육체를 짐짝처럼 철길 옆으로 치운 뒤 가던 길을 무심하게 달렸다.

고집불통 가우디는 몹쓸 원칙을 하나 가지고 있었다. 보행자가 항상 전차나 자동차보다 우선이라고 고집을 부렸다. 며칠 전에도 사거리를 지날 때 전차가 경적을 울리며 다가왔지만 가우디는 미동조차 하지 않았다. 오히려 기사에게 전차를 멈추라고 호통을 쳤다. 화가 난 기사는 가우디에게 욕을 뱉고는 바람처럼 사라졌다. 평생 자신의 생각은 다 맞고 타인의 생각은 틀리다고 생각했던 가우디에 비해 세상은 너무 빠르게 변하고 있었다.

남루한 작업복에 피투성이인 채로 무너진 가우디의 육신을 거둔 사람은 지나가던 두 행인이었다. 한쪽 귀에서 붉은 피가 흐르고 있는 노인을 지나가는 행인들은 누구인지 알아보지 못했다. 게다가 자신이 가우디임을 증명할 만한 어떤 신분증도 지니고 있지 않았다. 주머니 속에는 먹다 남은 건포도와 땅콩 몇 알, 사탕이 뒹굴고 있을 뿐이었다. 가우디의 상징과도 같았던 모자도 넘어지면서 어디론가 날아가 버렸다.

지나가는 택시를 잡으려 했지만 그를 걸인으로 오인한 택시는 그냥 지나쳐버렸다. 가우디는 고질병인 관절염 때문에 붕대를 칭칭 동여맸는데, 그 위로 낭자한 핏자국을 본 택시 기사들은 시트가 더러워질까 줄행랑을 쳤다. 지나가는 경찰의 도움으로 간신히 가우디는 산 페드로 병원으로 이송될 수 있었다. 당시 병원에서는 늑골과 뇌에 타박상으로 출혈이 있다고 진단했다. 퇴근을 서두르는 간호사들은 치료를 미룬 채 산타 크레우스 병원으로 환자를 옮기며 책임을 회피했다. 해부학 연구를 위해 문이 닳도록 드나들었던 병원이지만 아무도 가우디를 알아보지 못했다. 가명으로 환자 명단에 올라 19명이 공동으로 사용하는 침대 중에 하나를 차지하고 누워 있는 가우디는 영락없이 행려병자였다. 심각한 혼란은 육체가 아니라 영혼으로부터 오지만 가우디는 마지막 남은 육체를 통제할 정신마저 잃어가고 있었다. 그날 가우디의 육체와 정신은 온전히 자신의 소유가 아니었다.

시곗바늘처럼 정확한 시간에 산책에서 돌아오던 가우디는 그날 밤이 깊도록 나타나지 않았다. 성당 주임사제와 조수인 수그라네스는 늦은 밤 실종신고를 마치고 병원 응급실을 뒤지기 시작했다. 산 페드로의 병원을 찾았을 때 간호사는 남루한 노인이 전차에 치어 진료소에 왔다는 말을 남기고 사라졌다.

가우디는 영양 부족으로 거지 몰골을 하고서 익명의 환자들 사이에 누워 있었다. 신부와 조수는 설마 그 행려병자가 가우디일 것이라고는 생각조차 하지 못하고 다른 병원을 찾아갔다. 이 병원, 저 병원을 수소문하다 결국 한밤중이 되어서야 산타 크레우스 병원 공동입원실의 모퉁이에 누워 있는 가우디를 발견했다. 다음 날 아침 가우디는 겨우 고비를 넘기고 꺼져가는 의식을 붙잡고 종부성사를 마칠 수 있었다.

가우디의 사고 소식은 삽시간에 바르셀로나 전역으로 퍼져나갔다. 그는 가까스로 목숨을 부지하고서 그를 아끼던 지인들과 작업에 동참한 동료들을 맞이했다. 시장이 비서를 통해 더 좋은 시설을 갖춘 병원으로 옮겨주겠다는 제안을 했으나 가우디는 거절했다. 가우디의 오른손에는 평생을 잡아온 망치 대신 십자가가 쥐여 잇었다.

아침, 조간신문은 가우디의 비통한 사연을 전하며 가우디가 전차에 치인 후 이틀 동안 겪었던 비참한 사건을 보여주었다. 그러나 가우디의 정신은 육체를 떠날 채비를 하고 있었다. 6월 10일 오후 5시, 위대한 영혼 안토니 가우디는 성모님의 품에 영원히 안겼다.

카탈루냐의 민족 정기를 세우기 위해, 바르셀로나 민중의 흩어진 마음을 결집시키려 전 생애를 던진 위대한 성자의 대서사시는 커튼콜도 없이 조용히 사라졌다.

주교는 교황에게 가우디의 시신을 성가족 대성당 지하제실에 묻을 수 있도록 허가해달라는 전보를 타전하며 생전 그의 침대가 있었던 지하제실의 한 칸에 안식의 자리를 마련했다. 조각가 마타말라는 밤늦게까지 장례식에 사용할 얼굴 두상을 본뜨고 가우디의 시신을 스케치하며 그의 마지막 육신을 붙잡았다. 금요일 가우디의 육신은 방부 처리되고 수의가 입혀졌다. 그의 손에는 묵주가 쥐어 있었다.

1926년 6월 12일 오후 장례 행렬은 평소 그의 산책길을 따라 이어졌다. 그의 마지막 발걸음 뒤에는 카탈루냐의 정치인, 지식인, 건축가들뿐만 아니라 평소 그를 아끼는 시민들이 끝도 없이 이어졌다. 성가를 따라 부르며 마치 카탈루냐 국장을 치르는 것처럼 그를 추도했다. 고딕 지구를 지나 산 하우메 광장에 이르자 추모객들이 인산인해를 이루었다. 카탈루냐 광장을 지나 성가족 대성당의 지하 납골당으로 내려가는 동안 미사곡 〈리베라 메〉(나를 자유롭게 놓아주세요)가 천국의 사자를 영접하듯이 거룩하게 울려 퍼졌다.

평소 가우디를 비난했던 반대 세력의 비평이나 논쟁은 그의 죽음 앞에서 침묵했다. 모든 언론이 한 목소리로 바르셀로나의 위대한 천재의 죽음을 애도했다.

마드리드 정부는 가우디의 만년까지 카탈루냐 자치정부의 요구를 들어주지 않았다. 카탈루냐어 사용금지법안도 여전히 철폐하지 않았다. 1936년 7월, 프랑코에 의해 시작된 스페인 내전동안 가우디의 무덤이 무참히 파헤쳐지고 그나마 남아 있었던 가우디의 도면과 자료와 모형들이 산산조각이 나고 말았다.

1992년 바르셀로나 올림픽을 계기로 가우디의 건축물들이 전 세계의 주목을 받기 시작했다. 지금도 전 세계의 관광객들은 가우디의 영혼이 숨 쉬는 건축물들을 보기 위해 바르셀로나로 향하고 있다.

가우디의 건축물 중에 제대로 준공된 건축물은 카사 밀라뿐이라고 하지만, 사실 카사 밀라도 미완성 작품에 불과하다. 구엘 성지 지하제실과 구엘 공원을 비롯하여 대부분의 가우디 건축물은 미완성이거나 다른 건축가의 손에 의해 완성되었다. 하지만 오늘날 사람들은 가우디의 영혼처럼 그의 작품을 칭송하며 기리고 있다. 그의 전 생애가 고스란히 투영된 성가족 대성당은 그의 사후 그의 디자인 철학이 그림자처럼 스며 있는 모델과 기록들의 흔적을 쫓아가며 후배 건축가들과 조각가들의 손으로 끊임없이 지어지고 있다.

"이미 완성된 작품은 죽은 것이나 다름없다"는 피카소의 말은 성가족 대성당을 비롯한 가우디의 작품들을 두고 하는 말처럼 들린다. 전 세계인들을 한 세기가 지나도록 여전히 지어지고 있는 세기의 걸작 성가족 대성당을 성지처럼 참배하고 있다. 그들이 성가족 대성당에 입장할 때마다 돌 한 조각을 가우디의 영혼에 선물하는 것이다. 전 세계인들의 가슴에 창조적 영감을 불어넣는 가우디는 혼란한 이 시대의 등대처럼 빛나고 있다.

신부도 주교도 아니었지만 가우디는 바르셀로나의 심장, 성가족 대성당의 영원한 심장으로 여전히 살아 있다. 오늘날 가우디의 건축물들은 가우디의 탄생과 주검과 영광을 전시하고 있다. 인생은 삶과 죽음 사이를 비행하지만 가우디는 죽음 이후에 더 찬란하게 빛나고 있다.

평생의 장애의 몸으로 수없이 세상의 문턱에서 무너지고 고꾸라지면서 이상을 향하여 날았던 가우디의 삶은 그 자체로 수도자의 삶이었다. 바르셀로나를 넘어 지구촌을 감동시킨 가우디는 투박한 손으로 평생 돌을 다듬으며 남의 집을 지었지만 자신의 집을 지은 적이 단 한 번도 없다. 부자들의 집을 지으면 부와 명성을 거머쥐었지만 가우디는 건축의 본질에서 벗어난 적이 없다. 가난한 자의 집을 지으며 결코 자신이 가진 재주를 자랑하지 않았다. 그는 삶의 본질을 향하여 끝까지 달렸다.

  가우디의 인생을 단 하나의 단어로 표현하면 사랑이다. 개인의 이익을 넘어서 공동체의 가치를 실현한 가우디의 삶의 핵심은 사랑이다. 태어나는 순간부터 쇠락한 몸을 누더기처럼 걸치고 현실의 밑바닥을 좌절하며 걸어간 가우디는 평생 자신을 사랑하고 자신의 일을 사랑하고 바르셀로나 민중을 사랑했다. 인생의 진정한 의미는 외부에서 남들이 던져주는 환호와 명성이 아니라 내면에서 우러나오는 진실임을 가우디의 삶이 보여주었다. 가우디의 투박한 삶은 현재를 밀어내며 불안한 미래를 완성하기 바쁜 우리의 삶을 미완성의 아름다움으로 인도하고 있다.

에 필 로 그

영원히 멈추지 않는
가우디의 비행

그리스 파르테논 신전의 건축가이자 조각가인 피디아스는 눈에 보이지 않는 박공의 뒷부분까지 꼼꼼하게 조각했다. 나중에 이를 안 아테네 재무관은 눈에 보이지 않는 부분에 대한 공사비를 지불할 수 없다고 고집을 부렸다. 이에 격분한 피디아스는 "당신 눈에는 보이지 않지만 신은 보고 있다"며 하늘을 가리켰다.

"아들아! 가구는 남들이 보지 못하는 뒷부분까지 제대로 정성스럽게 만들어야 한다." 이것은 모바일 혁명을 일으키며 불꽃같은 인생을 살다간 스티브 잡스가 평소 목수인 아버지의 말씀을 성공의 디딤돌로 간직한 말이다. 열정은 누구나 자신의 인생을 갈무리하는 훌륭한 목수다. 건축물이나 사람이나 기업은 눈에 보이는 부분이 아니라 눈에 보이지 않는 부분을 허술하게 처리할 때 무너진다.

이 시대 우리들의 삶은 문화적으로 경제적으로 풍족하고 생활에 활력이 넘쳐난다. 그러나 조금 더 속살을 헤집고 들어가면 금방 너덜해진 내면을 발견할 수 있다. 세상 인심은 눈에 보이는 외적인 아름다움에 온통 쏠려 있다. 투우장에서 살아남기 위해 투쟁하고 있는 동물처럼 영혼은 비틀거리고 있다.

모든 생명의 시작은 낮고 작은 시간의 경험에서 출발한다. 모든 인생은 시작의 애틋함을 경험한다. 초라한 육체와 투박한 정신을 주검까지 가지고 가는 사람은 드물다. 가우디의 첫 작품은 자신의 명함과 자신의 책상이었다. 마지막 남은 상상력의 한 조각이라도 깨워 호기심의 날개를 채워 사물의 본질을 파악하기 위해 가우디는 평생을 하루처럼 살았다. 타인과 경쟁할 시간에 자신과 경쟁하며 시간과 세월을 자기 편으로 이끌었다.

가우디는 병든 육체에 절망하지 않았다. 상상력의 날개를 타고 노년의 하늘을 비상했다. 헤라클레스처럼 호기심을 따라 상상력의 나래를 펼쳤다. 차가운 머리가 이끄는 방향이 아니라 가슴이 이끄는 방향으로 미련하게 달려갔다. 죽어서도 여전히 집을 짓고 있는 가우디는 신화가 되었다. 가우디는 여전히 살아 있다.

가우디가 우리에게 전해준 삶의 교훈은 평생 가슴이 이끄는 방향으로 비행하라는 것이다. 그리고 미완의 작품으로 신화가 된 가우디는 우리에게 여전히 말하고 있다. 인생에서 완성은 없다. 삶은 미완성일 때 가장 아름답게 빛난다.

참고문헌

브루노 제비, 『공간으로서의 건축』, 신학사, 1983

하이스 반 헨스 베르헌, 『어머니 품을 설계한 가우디』, 현암사, 2002

안토니 가우디, 『가우디 공간의 환상』, 다빈치, 2001

에스테반 마르틴&안드레우 카란사, 『가우디 임펙트』, 예담, 2007

안영옥, 『스페인 문화의 이해』 고려대학교 출판부, 2005

『Lonely Planet 스페인』, 안그라픽스, 2009

『GAUDI』, A+U건축과 도시, 1990

미겔 데 세르반테스, 『돈키호테』, 시공사, 2008

스티븐 버트먼, 『그리스 신전에서 인간의 길을 묻다』, 예문, 2012

Official Guide, 『The Alhambra and Generalife』, T.F. Editores, S.L.C., 1999

스페인은
가우디다

초판 1쇄 발행 2014년 9월 15일
초판 15쇄 발행 2024년 9월 30일

지은이 김희곤
펴낸이 김선식

부사장 김은영
콘텐츠사업2본부장 박현미
콘텐츠사업6팀장 임경섭 **콘텐츠사업6팀** 정지혜, 곽수빈, 조용우, 이한민
마케팅본부장 권장규 **마케팅1팀** 박태준, 오서영, 문서희 **채널팀** 권오권
미디어홍보본부장 정명찬 **브랜드관리팀** 오수미, 김은지, 이소영, 서가을
뉴미디어팀 김민정, 이지은, 홍수경, 변승주
지식교양팀 이수인, 염아라, 석찬미, 김혜원, 박장미, 박주현
편집관리팀 조세현, 김호주, 백설희 **저작권팀** 이슬, 윤제희
재무관리팀 하미선, 김재경, 임혜정, 이슬기, 김주영, 오지수
인사총무팀 강미숙, 지석배, 김혜진, 황종원
제작관리팀 이소현, 김소영, 김진경, 최완규, 이지우, 박예찬
물류관리팀 김형기, 김선민, 주정훈, 김선진, 한유현, 전태연, 양문현, 이민운

펴낸곳 다산북스 **출판등록** 2005년 12월 23일 제313-2005-00277호
주소 경기도 파주시 회동길 490
전화 02-704-1724 **팩스** 02-703-2219
이메일 dasanbooks@dasanbooks.com
홈페이지 www.dasan.group **블로그** blog.naver.com/dasan_books
용지 북토리(POD) **인쇄 및 제본** 북토리(POD) **코팅 및 후가공** 북토리(POD)

ISBN 979-11-306-0401-5 (13980)

• 책값은 뒤표지에 있습니다.
• 파본은 구입하신 서점에서 교환해드립니다.
• 이 책은 저작권법에 의하여 보호를 받는 저작물이므로 무단 전재와 복제를 금합니다.